Ein klarer Blick

Neue Erkenntnisse aus 30 Jahren Sudbury Valley School

tologo verlag

Daniel Greenberg

Ein klarer Blick

Neue Erkenntnisse aus 30 Jahren Sudbury Valley School

Aus dem Amerikanischen übersetzt
von Sabine Reichelt

tologo verlag

Bibliografische Information der Deutschen Bibliothek
Die Deutsche Bibliothek verzeichnet diese Publikation in der Deutschen Nationalbibliografie; detaillierte bibliografische Daten sind im Internet über http://dnb.ddb.de abrufbar.

1. Auflage 2006
Titel der amerikanischen Originalausgabe:
A Clearer View: New Insights into the Sudbury School Model
Druck und Bindung: Schwitalla Druckerei, Hildesheim

Lektorat: Martin Wilke und Sebastian Mädge
Wir bedanken uns ganz herzlich bei dem Sudbury-Schule Berlin-Brandenburg e.V. für die tatkräftige Unterstützung.

www.tologo.de

ISBN 3-9810444-1-X

Inhalt

Vorwort

Während des Schuljahres 1998/99 feierte die Sudbury Valley School ihr 30-jähriges Bestehen. Eine der geplanten Aktivitäten war eine Reihe von sechs Vorträgen, in der ich in Form eines Rückblicks über einige der fundamentale Fragen sprach, welche uns über die Jahre hinweg beschäftigten. Ich versuchte eine Vorstellung davon zu vermitteln, wie sich mein Denken in diesen Fragen im Laufe der Zeit entwickelte. Hörkassetten dieser Vorträge sind bei der Sudbury Valley School Press erhältlich. Das vorliegende Buch ist eine bearbeitete Version der Abschriften dieser Vorträge. Ich habe versucht, den Charakter einer mündlichen Präsentation zu bewahren und gleichzeitig etwas von der Schwerfälligkeit zu beseitigen, die die Übertragung von Vorträgen in die Schriftform immer begleitet.

Daniel Greenberg
Januar 2000

Vom Sinn des Spielens

1965 begann eine kleine Gruppe von uns, einige Ideen über Bildung und Schule zu diskutieren. Damals wurden wir uns der Tatsache bewusst, dass wir, statt nur Kritiker zu sein, eigentlich damit begonnen hatten, eine Art Bildungsphilosophie zu formulieren. Wenn wir zurückschauen und die Texte lesen, die wir von 1965 bis 1967 schrieben, fällt uns auf, dass einige von ihnen sich im Laufe der Zeit bewährt haben. Andererseits waren viele Bereiche, für die wir heute sensibel sind, damals noch völlig unerforscht. Das Schöne an Sudbury Valley ist, dass es eine enorme Anzahl an Leuten gab, die zu dem beigetragen haben, was wir heute über die Schule denken. Wenn man wissen will, wovon ich rede, braucht man sich nur im Nähraum von Sudbury Valley die Sammlung der gebundenen Jahrgänge des Sudbury Valley School *Newsletters* (heute *Journal* genannt) anzusehen. Von 1971 bis heute hat eine Vielzahl von Leuten insgesamt Hunderte von Essays geschrieben, in denen sie die Ideen verfeinerten, auf denen unsere Schule beruht.

Wir hatten viele Möglichkeiten, unsere Ideen neu zu durchdenken. Wir halten Vorträge vor Universitätsgruppen, vor Organisationen und Konferenzen; und jedes Mal, wenn wir so etwas vorbereiten, müssen wir unter Berücksichtigung unserer jeweils neuesten Überlegungen neu prüfen, was wir sagen. Das setzt in jedem Gebiet Änderung und Entwicklung auf die Tagesordnung.

Es gibt noch einen großen Schauplatz, auf dem sich unser Denken über die Philosophie und Praxis der Schule erheblich verfeinert hat - die Schulversammlung. Durch die banalen Diskussionen über alltägliche Angelegenheiten, erfährt dort nahezu jeder Aspekt der Schulphilosophie irgendwann eine gründliche Durchsicht. Es erstaunt mich immer wieder - und ich weiß, das geht jedem so, der Teil dieser Schule war - dass wir hier stehen, 30 Jahre später, und wir nach wie vor Schulversammlungen mit lebendigen Debatten haben, die nicht immer angenehm sind, aber doch lebendig. Dass wir Debatten haben über Fragen, die manch einer für schon lange geklärt hielt und die nun wieder aufgeworfen, nachgeprüft und manchmal ganz neu gefasst werden.

In dieser Vortragsreihe habe ich sechs Bereiche aufgegriffen, die ich als wichtig für die Schule erachte. In ihnen hat mein eigenes Denken im Laufe der Jahre erhebliche Veränderung und Entwicklung durchlaufen. Das Thema des heutigen Abends lautet: Vom Sinn des Spielens.

Anfangs hatte das Spielen als Konzept in der Bildungswelt einen schlechten Ruf. Man sah darauf herab, erachtete es als nicht ernsthaft. Das spiegelt sich auch in der Wörterbuch-Definition wider: „Sich mit Vergnügen, Sport oder anderen Freizeitaktivitäten beschäftigen. Etwas aus Spaß oder als Sport tun." Wie man sehen kann, ist das ganz klar etwas, von dem ein ernsthafter Erzieher sagen würde, es habe keinen Platz in der Bildung. Bildung ist etwas ernsthaftes. Bildung ist Lernen. Es ist das Erlangen von Wissen, nicht zu verwechseln mit „Spaß", „Scherz", „Erholung", „Sport", etc.

Aus der Sicht von Erziehern gehörte Spielen daher lange Zeit einfach nicht zur Bildung. Ich erinnere mich daran, wie ich in Schulen aufwuchs, in denen es eine Fünfzehn-Minuten-Pause am Morgen und eine am Nachmittag gab. Wir gingen von 9 Uhr bis 15 Uhr zur Schule, und die Pause war die einzige Zeit, in der wir spielten. Es war ganz klar, dass wir während der Pause die Chance erhielten, das zu tun, was wir den Rest des Tages *nicht tun würden.*

Das Problem für Erzieher war, dass Kinder anscheinend gern spielen. Tatsächlich spielen Leute jeden Alters anscheinend gern. Kleine Kinder spielen gern, so wie ältere Kinder und sogar Lehrer! Jeder spielt gern. Das macht dem Bildungswesen wirklich zu schaffen. Das System kämpft unentwegt gegen diesen natürlichen Drang zu spielen; eine Tendenz, der zu widerstehen die widerspenstigen Klienten des Systems anscheinend nicht im Stande sind.

Dass Spielen auf Menschen von Natur aus anziehend wirkt, war der zentrale Gedanke der Bildungsreformer in der Nachkriegszeit. Das war eine Zeit, in der Leute begannen, Bildung neu zu durchdenken, und das aus gutem Grund. Um zu merken, dass etwas aus dem Gleichgewicht war, musste man kein Fachmann sein. Schließlich waren 1945 seit mehr als 30 Jahren jene Menschen, die sich für die fortschrittlichsten, gebildetsten und kultiviertesten hielten, damit beschäftigt, einander mit jeder nur erdenklichen Brutalität zu hassen und abzuschlachten. Dass die pädagogisch am höchsten entwickelten Nationen, auch die brutalsten waren, führte jeden, der an Bildung interessiert war, dazu, festzustellen, dass grundlegende Fragen neu untersucht werden mussten. Das war das goldene Zeitalter der Bildungsreform, und sein Impuls ist bis zum heutigen Tag spürbar

Einer der Trends in der Bildungsreform bestand darin, dieses universelle Bedürfnis der Menschen zu spielen, aufzugreifen und es irgendwie in die Schulbildung einzubeziehen. Die Idee, dass Lernen Spaß machen sollte, dass Lernen und Spaß mit einander verbunden sein sollten, dass sich Freude irgendwie im Lernprozess wiederfinden sollte, war ein Resultat dieser Erkenntnis, dass sich etwas ändern muss - und ein guter Ausgangspunkt dafür war das universelle Bedürfnis zu spielen. Die Bewegung progressiver Schulen in den 1920er und 30er Jahren hatte diese Idee als erste verkündet, und später, nach dem Krieg, fand sie schnelle Verbreitung. Die Idee war im Grunde einfach: Halte an dem ursprünglichen Konzept der Schulbildung fest, aber lasse zur Verführung etwas „Erholung" einfließen. Die alten hebräischen Tagesschulen waren geradeheraus und unverblümt. Sie ließen die Eltern ihre Kinder am ersten Tag mit Honig auf ihren Schiefertafeln in die Schule schicken. Da war die Bestechung offensichtlich. Gehst du zur Schule, bekommst du Süßes. Bist du gut, bekommst du Süßes. In der modernen Version waren die Bestechungen raffinierter, und man hoffte, die Menschen würden nicht merken, dass die grundlegende Vorstellung sich nicht geändert hatte.

Wie stark diese Bewegung ist, kann man an der großen Schlappe in Massachusetts vor nicht langer Zeit sehen. John Silber, der berühmt-berüchtigte Bildungszar des Staates Massachusetts, begab sich in einen heftigen Streit mit Kindern einer Grundschulklasse, die die Frechheit besaßen, ihm zum Thema „Lernen als Spaß" zu schreiben. Er brauste in einer breit veröffentlichten Antwort heftig auf, man habe ihn völlig falsch verstanden: Lernen sei nicht dazu da, Spaß zu machen, sondern solle zweifellos ernsthaft sein. Und die Schulkinder, die ihm schrieben, ermahnte er, ihre Handlungsweise zu korrigieren und den Spaß 'raus zu halten. Spätestens ab *jetzt.*

Als Sudbury Valley öffnete, wussten wir natürlich – wie jeder andere auch – dass Kinder viel spielen, wenn man ihnen erlaubt, frei zu sein, d.h. wenn man ihnen nicht von außen einen Plan überstülpt. Wir wussten, können Kinder wirklich selbst über ihre eigene Zeit verfügen, werden sie sich viel mit Spielen beschäftigen. Wir akzeptierten das, waren damals aber doch zu einem gewissen Maß von den vorherrschenden Ansichten beeinflusst. Wir sagten: Es ist okay, dass sie spielen; nicht weil Lernen Spaß ist, sondern weil *Spielen an sich bildend ist*. Spielen mag Erholung und Spaß sein, aber es erfüllt „legitime" Bildungsziele, z.B. die Entwicklung bestimmter motorischer Fertigkeiten, sozialer Fertigkeiten und anderer nützlicher Talente. Vielleicht spielen sie den ganzen Tag, aber das ist in Ordnung, denn es bereichert bestimmte Teile ihrer Bildung.

Es ist nicht überraschend, dass wir auf viel Widerspruch trafen: von einigen Eltern in der Schule und von vielen Leuten, die zu Zulassungsgesprächen kamen oder darüber nachdachten, ihre Kinder auf unsere Schule zu schicken. Denn sie hatten das gleiche Problem wie Silber. Ihre Einstellung war: „Ihr sagt vielleicht, Spielen sei in Ordnung und fördere bestimmte Bildungsziele, aber *das Leben ist kein Spaß*. Und wenn Kinder nicht von klein auf lernen, dass das Leben kein Spaß ist, sind sie nicht auf die Welt vorbereitet. Die Welt ist voll von harten Schlägen, und daher ist vermutlich der beste Weg,

Kinder großzuziehen, ihnen viele harte Schläge zu verpassen; oder zumindest: sie nicht spielen zu lassen."

Heute will ich mich darauf konzentrieren, wie sich unser Verständnis vom Spielen vertiefte, denn es unterscheidet sich nun sehr von unserem anfänglichen. Ich möchte mit einer Frage eröffnen: „Was ist Spielen überhaupt?" Bei allem nötigen Respekt für die Herausgeber des *American Heritage Dictionary*, ich denke sie verfehlen das Wesentliche des Spielens völlig. Ich denke, das Wesentliche am Spielen ist der *ungewisse Anteil an der Beschäftigung*. Spielen ist eine Beschäftigung mit einem signifikanten Anteil an Unvorherbestimmten, frei von vorgegebenen Grenzen. Betrachtet man, wie „Spielen" im weitesten Sinne in unserer Sprache verwendet wird, sieht man, dass es immer und immer wieder für Aktivitäten benutzt wird, bei denen nichts vorgegeben ist, man nicht in einem starren Gehäuse ist, sondern es einen unbekannten Teil gibt. Das schließt natürlich auch Freude und Unterhaltung ein, aber auch Dinge wie „mit Ideen spielen". Es schließt sogar so etwas ein wie mit dem Seil „etwas Spiel haben". Immer wenn etwas nicht festgeschnürt ist, ist ein bisschen „Spiel" dabei. Das ist ein gutes Bild, das sollten wir im Hinterkopf behalten. Wenn es nicht festgelegt ist, wenn es nicht starr ist, ist man mit einer Tätigkeit beschäftigt, die ein Element des Spielens enthält.

Meines Erachtens gibt es zwei Hauptarten des Spielens. Eine nenne ich „eine nicht festgelegte Beschäftigung innerhalb eines sehr breiten Rahmens" - wir können sie auch „freies Spielen" nennen. Zum Beispiel, Kinder kommen zusammen und sagen: „Lasst uns ‚Haus' spielen". Sie haben einen breiten Rahmen. Sie spielen nicht „Pferd", sie spielen nicht „Angeln", und sie spielen nicht „Zug". Sie spielen „Haus". Damit ist der allgemeine Rahmen abgesteckt. Aber innerhalb dessen ist alles von Anfang an offen. Wir erfinden das Spiel, während wir es spielen. Wird es einen Vater oder eine Mutter geben? Wird es Onkel und Enkelkinder geben? Eine ganze Palette von Dingen wurde beim Beginn offen gelassen. Oder ein etwas anspruchsvolleres Beispiel - für jemanden wie Jules Verne - lasst uns

„ein U-Boot erfinden“ spielen. „Lasst uns ein Unterwasserfahrzeug entwerfen.“ Das ist alles, was wir darüber wissen. Aber es ist ein breiter Rahmen.

Seit über 30 Jahren bin ich an der Sudbury Valley School und dennoch war ich neulich absolut verblüfft durch zwei Mädchen im Teenageralter, die sehr aufgeregt zu mir kamen und mir ein Fahrzeug zeigten, das sie entworfen hatten. Sie hatten „lasst uns erfinden“ gespielt und Zeichnungen und Pläne ausgearbeitet. Sie hatten diese vage Idee und setzten sich hin und redeten darüber. Sie zeichneten, tauschten ihre Zeichnungen aus und sie modifizierten ihren Plan. Um ehrlich zu sein, ich war schockiert, denn ich hatte das niemals bei jemandem diesen Alters in der Schule erlebt. Ich habe das bei älteren Leuten erlebt, bei denen es – für ein Gehalt von 80.000 Dollar im Jahr – in Ordnung ist, „lass uns ein U-Boot erfinden“ zu spielen. Ich habe das auch bei kleineren Kindern erlebt. Aber niemals unmittelbar in dieser Altersgruppe; und erst dann kam ich darauf, dass das bei Menschen in diesem Alter ständig vorkommen muss. Es ist nur, dass man da als Teenager gehemmt ist. Es sieht kindisch aus und man bekommt kein Spitzenhonorar dafür – also behält man es für sich.

Die zweite Art des Spielens ist eine nicht festgelegte Beschäftigung innerhalb eines engen Rahmens. Das ist eine Beschäftigung mit vielen Grenzen, dennoch gibt es eine ganze Menge an Handlungsfreiheit innerhalb dieser – zum Beispiel: jedes Spiel mit Regeln. „Lasst uns Monopoly spielen!“ Worin besteht bei Monopoly das „Spielen“? Da gibt es all diese Regeln. Man kann nicht einfach tun, was man will. Man muss würfeln, setzen, ins Gefängnis gehen, aus dem Gefängnis kommen, und all sowas. Aber ganz viel ist nicht vorherbestimmt. Zum Teil wegen des Würfelns, zum Teil, weil man eine Strategie verfolgen kann.

Oder man denke an „Lasst uns Computerspiele spielen!“ Das erscheint auf den ersten Blick wie eine besonders stark vorbestimmte Umgebung. Es ist so sehr festgelegt, dass jemand, der nicht viel über Computerspiele weiß, behauptet, es sei todlangweilig. Er konzentriert sich auf die Bilder auf dem Monitor und ihre vermeintlich ständige Wiederholung. Ihm erscheint diese Beschäftigung roboterhaft, und er vermisst das „Spielen" dabei, den nicht festgelegten Teil.

Es ist offensichtlich, dass wir nicht immer scharf zwischen einer nicht festgelegten Beschäftigung innerhalb eines breiten Rahmens und einer Tätigkeit innerhalb eines engen Rahmens unterscheiden können, denn es gibt auch all die Abstufungen dazwischen. Zum Beispiel gibt es in jedem Spiel, egal ob innerhalb eines breiten Rahmens oder eines engen Rahmens, Regeln. Spiel und Regeln sind nicht unvereinbar mit einander. Im Gegenteil, sie treten immer gemeinsam auf. Es gibt immer „Regeln des Spiels". Die Frage ist, wie viele Regeln es gibt. Einige Regeln sind von Menschen gemacht, andere gibt die Natur vor. Wenn man mit der Erfindung eines U-Bootes 'rumspielt, hat man die Eigenschaften von Wasser, die man beachten muss. Was es zum Spiel macht, ist dass, egal wie viele Regeln es gibt, egal wie breit oder wie eng der Rahmen ist, es doch einen nicht festgelegten Teil in der Beschäftigung gibt, der viel Handlungsspielraum zulässt.

Spielen in diesem Licht zu betrachten, hilft zu erklären, warum Spielen immer eng mit dem Konzept der Neugierde verbunden ist, auf das wir in Sudbury Valley von Anfang an sehr geachtet haben. Neugierde ist der angeborene Antrieb des Menschen, das Unbekannte zu entdecken – mit anderen Worten: *das bislang Ungewisse zu entdecken*. Mit der Entdeckung des Unbekannten untrennbar verbunden ist eine Beschäftigung, die ebenso unbestimmt ist. *Neugierde treibt das Spielen an, und Spielen fördert die Neugierde.* Sie hängen sehr eng zusammen. Wir zitieren häufig die über 2000 Jahre alte Aussage Aristoteles', dass Menschen von Natur aus neugierig sind. Aber was wir lange Zeit nicht verstanden, ist, dass die natürliche Neugierde eng mit der Idee des Spielens verbunden ist. Neugierde setzt das Bedürfnis zu spielen voraus, da beides mit Unbestimmtheit einhergeht.

Es ist erwiesen, dass Spielen universell ist. Menschen jeden Alters entscheiden sich dafür aus freien Stücken. Sie haben Spaß daran, und widmen ihm große Mengen ihrer Energie. Sie konzentrieren sich darauf. Sie beschweren sich nicht über die große Anstrengung, die sie dem Spielen widmen. Erwähnenswert ist in diesem Zusammenhang die Beobachtung, die viele von uns an dieser Schule bei der Beschäftigung mit den so genannten „Aufmerksamkeits-Defizit-Störungen" gemacht haben. Wenn wir die Eltern von Kindern, denen es angeblich an der Fähigkeit mangelt, einer Sache über einen längeren Zeitraum hinweg ihre Aufmerksamkeit zu schenken, fragen, ob sie denn spielen, ist die Antwort ausnahmslos: „Oh ja. Sie können stundenlang spielen." Sie können Holz schnitzen, Computerspiele spielen, schreiben, alle möglichen Spiele spielen, stundenlang. Aber sie können ihre Aufmerksamkeit nicht ihren Schularbeiten schenken. Der Punkt ist der: Konzentration ist ein Nebenprodukt des Spielens. Spielen ist so fesselnd, so einnehmend, es beansprucht die gesamte Persönlichkeit, die gesamte Psyche. Nur wenn ich ein Kind treffe, das nicht in der Lage ist, konzentriert und antriebsvoll zu spielen, bin ich mir sicher, daß hier ein ernsthaftes gesundheitliches Problem vorliegen könnte.

Was macht Spielen so wichtig für den Menschen? Was ist seine evolutionäre Funktion? Meine Behauptung ist: Das Überleben und die Weiterentwicklung der menschlichen Spezies hängen ganz wesentlich vom Spielen ab. Ich sehe das so: Die Menschen als Spezies sind einzigartig darin, in welchem Ausmaß sie aktiv mit ihrer Umwelt umgehen. Menschen haben die Fähigkeit, mit ihrer Umwelt in ausdrücklich interaktiver Art und Weise zu kommunizieren - die Umwelt zu gestalten, zu verstehen, Modelle der Umwelt zu erschaffen, sie zu verändern und Rückmeldungen von ihr zu bekommen. Ein Weg, wie Menschen mit der Umwelt kommunizieren, besteht darin, die Bedingungen so zu beeinflussen zu versuchen, dass es dem Wohlergehen der Menschen nützt.

Es ist also Teil der menschlichen Natur - des aktiven Umgangs mit der Umwelt -, fähig zu sein, Wege zu suchen, die Umwelt durch die Erforschung des Unbekannten zu verändern. Und der Weg, wie die Menschheit vorankommt, ist, sich nach neuen, *bisher unbestimmten* Einflussfaktoren umzusehen, sie sich zu Nutze zu machen, sie zu entwickeln, sie in das menschliche Wissen einzubringen und dann weiterzugehen zu neuem Unbekannten.

Es gibt keine Änderung der Lebensbedingungen ohne Innovation. Das ist eine Tautologie. Es gibt allerdings - auch das überrascht nicht - zwei Arten der Innovation, die die Menschheit voranbringen. Eine ist die unbeschränkte Innovation, die freie Erfindung; die andere ist die Innovation innerhalb eines festgelegteren Rahmens.

Betrachten wir zuerst die unbeschränkte Innovation innerhalb eines ausgedehnten Bereichs. Ein Beispiel ist die Erfindung des Mikroskops. Christiaan Huygens war Optiker und ein sehr gut ausgebildeter Handwerker. Was Optik, Linsen und dergleichen anging, war er auf dem neuesten Stand. Er hatte also einen breiten Rahmen bei Optik, Licht und verwandten Gebieten. Er „spielte" damit, im tiefsten Sinn des Wortes. In gewisser Hinsicht war es Zufall, dass er entdeckte, dass eine bestimmte Anordnung der Linsen unglaubliche Vergrößerungen ergab - ein Zufall in dem Sinne, dass er es nicht erwartete, bevor er es entdeckte. Es gab in der Theorie der Optik damals nichts, das ihn hätte glauben machen können, dass das passieren würde. Das meine ich mit unbeschränkter Innovation. Er hatte einen breiten Rahmen, innerhalb dessen er arbeitete. Aber seine Neugierde, sein Spiel, sein Experimentieren führten ihn zu dem Punkt, an dem er etwas erschaffen konnte, das ganz kleine Objekte sichtbar macht.

Um das zu verstehen, empfehle ich, zu versuchen, ein Mikroskop zu erfinden. Ich sage das halb im Scherz, da ich am College jahrelang Physik unterrichtet habe, und etwas, das die Studenten in einführenden Physikpraktika meistens tun, ist ein Mikroskop zu bauen. Man gibt den jungen Leuten Linsen und sagt: „Baut ein Mikroskop", natürlich gibt es eine Bauanleitung, die ihnen sagt, was sie tun müssen. Trotzdem ist es sehr, sehr schwer. Die meiste Zeit sieht man nichts. Es funktioniert nicht, solange man nicht die richtigen Linsen, den richtigen Abstand und das Bild, das man betrachten will, am richtigen Platz hat. Dasselbe gilt für das Teleskop. Zwei Linsen zusammenzusetzen, bedeutet, ein richtig schwieriges Spiel zu spielen, eine richtig schwierige Erfindung.

Ein anderes Beispiel der, wie ich es nenne, unbeschränkten Innovationen sind Computer. Die Idee einer Rechenmaschine geht zurück bis ins 19. Jahrhundert, aber damals war sie weit entfernt von der besonderen Art und Weise, wie Computer nun aufgebaut sind. Mathematiker sind im Allgemeinen eine Sorte für sich, sie verbringen ihr ganzes Leben mit Spielen. Die Leute, die den Computer erfanden, spielten mit unbeschränkten Innovationen, und sie hatten keine Idee, wohin diese sie führen würden. Heute können wir uns kaum vorstellen, wie sehr im Unbekannten sie forschten. Man bekommt ein Gefühl dafür, wenn man die Geschichte der Computer liest. Nachdem der erste große Rechner zusammengesetzt wurde (mit groß meine ich wirklich GROSS; ich meine einen Rechner, der mehr Platz einnahm als die Scheune auf unserem Schulgelände und hauptsächlich mit Radioröhren gefüllt war), sagten die Leute zum Chef von IBM: „Das ist eine sehr interessante Maschine. Offensichtlich kann sie viel. Sehen Sie denn einen größeren Markt für so etwas?" Und er antwortete: „Eigentlich nicht. Ich kann mir vorstellen, dass weltweit vier oder fünf dieser Maschinen gebraucht werden." Noch bemerkenswerter ist die Geschichte der Entstehung des PCs. Der Gründer des Chipherstellers Intel wurde gefragt: „Wie kommt es, dass ihr Typen den PC nicht erfunden habt? Es lag doch direkt vor eurer Nase!" Der Chip ist im Grunde der Computer. „Ihr hattet den Chip." Und er antwortete: „Wir wussten, dass wir ihn hatten, also setzten wir uns hin und überlegten, wofür man einen PC brauchen könnte. Niemandem fiel etwas ein, außer das Sammeln von Rezepten. Ich sagte zu meinen Kollegen, ich kann mir nicht vorstellen, dass meine Frau mit diesem Gerät in der Küche sitzt und Kochrezepte eingibt. Also haben wir es fallengelassen." Ich glaube diese Geschichte, weil sie wahr klingt. Das ist typisch für unbeschränkte Innovationen. Es ist so unerwartet, so extrem neu. Es ist ein großer Sprung. Es passt zu nichts von dem, was es bisher gab.

Mein letztes Beispiel ist die Vorhersage der elektromagnetischen Wellen durch James Clerk Maxwell. Er entwickelte Formeln, die unter anderem voraussagten, dass sich elektromagnetische Wellen mit Lichtgeschwindigkeit durch den Raum bewegen können. Diese Formeln wurden in den 1860ern veröffentlicht, und niemand nahm davon Notiz. Maxwell war ein sehr berühmter Mann; jeder nahm ihn als eine führende Persönlichkeit auf dem Gebiet der Physik wahr. Aber die Idee der Wellen stand einfach im Raum. Es war mehr als 25 Jahre später, als ein deutscher Experimentalphysiker namens Heinrich Hertz sich fragte, ob es ein solches Phänomen tatsächlich gibt. Er ersann einen einfachen Weg, es herauszufinden. Mit Hilfe der Gleichungen Maxwells baute Hertz ein kleines Experiment auf, das an einem Ort einen Funken erzeugen und irgendwo anders eine Wirkung hervorrufen würde. Er schloss es an, führte es durch, und es gelang! Also veröffentlichte er ein Papier, das die Existenz elektromagnetischer Wellen behauptete - aber niemand interessierte sich dafür auch nur im Geringsten. Innerhalb des damals im Bereich der Physik vorherrschenden Bezugssystems bedeutete das gar nichts.

Betrachten wir die andere Art der Innovation, die innerhalb eines stärker festgelegten Rahmens auftritt. Wir haben dafür einen Namen in unser Kultur. Wir nennen es „Forschung und Entwicklung" (FuE). Im Magazin *Economist* war vor eine Weile eine interessante Aussage zu lesen. Einer der Herausgeber schrieb einen kleinen Text, in dem er FuE der freien Erfindung gegenüberstellte. FuE hat ein bisschen einen schlechten Ruf, so wie Computerspiele, wie jedes Spielen innerhalb eines engeren Rahmens. FuE ist in der Hierarchie der kognitiven Welt das Stiefkind der „echten" Erfindung. Wer wird für ein Genie gehalten? Der Erfinder. Was machen die zweitrangigen Leute? Sie betreiben FuE. Dieser kleine Text im *Economist* hob hervor, dass wirklich bedeutende Fortschritte - im Sinne der menschlichen Entwicklung, die ich hier meine - immer auf dem Gebiet der FuE gemacht wurden. Große Erfindungen haben für sich genommen nur minimalen Einfluss auf den kulturellen Fortschritt. Geschichtsbücher verherrlichen sie und sprechen von dem großen Genie des Erfinders. Aber der Einfluss auf die Gesellschaft, auf das menschliche Fortkommen, kommt wirklich vom Genie der Forscher und Entwickler, denn FuE konzentriert sich auf das Herbeiführen von Innovationen innerhalb des neuen Rahmens, den die Erfindung geschaffen hat.

Jegliche mikroskopische Biologie beruht auf Huygens' Erfindung. Wenn eine Schlange von Menschen einen Objektträger nach dem anderen herstellt, Proben in kleine Stücke schneidet und all diese langweilig wirkenden und sich ständig wiederholenden Arbeiten verrichtet, aus der letztendlich all die Entdeckungen und Erfindungen hervorgehen, die zellulare Biologie ausmachen, dann handelt es sich dabei um FuE. Auch elektromagnetische Wellen blieben unbeachtet, bis jemand namens Marconi, ein FuE-Typ aus Italien, sie tatsächlich nutzte, um Nachrichten über den Atlantik zu schicken. Danach begriffen die Menschen, dass dies einen gigantischen Fortschritt in der menschlichen Kommunikation darstellte.

Natürlich kann man die beiden Arten von Innovationen nicht ganz scharf trennen. Die Entdeckung der Röntgenstrahlen ist ein unterhaltsames Beispiel dafür, wie sich FuE und offene Innovation überschneiden können. Es ist eine wundervolle Geschichte, denn Röntgen, der Mann, der die Röntgenstrahlen entdeckte, war vermutlich einer der langweiligsten Physiker, die es je ab. Sein Gebiet war die Viskosität; er verbrachte seine Zeit damit, kleine Metallkugeln durch Rohre mit Flüssigkeit fallen zu lassen, und schaute dabei, wie schnell sie fallen. Ich übertreibe, aber soviel spannender war seine Arbeit wirklich nicht. Ich möchte nicht in die Details dieser Geschichte gehen. Jedenfalls begegnete er in seinem Labor den Röntgenstrahlen. Auf seinem eigenen Gebiet war er kein offener Innovator, aber er bemerkte das Phänomen, das sicherlich auch andere vor ihm sahen, und er wurde neugierig genug, um damit zu „spielen". Tatsächlich war er so fasziniert - das war das einzig Aufregende, was ihm je im Leben passierte - dass er sich eine Woche lang in seinem Labor einschloss. Er weigerte sich, irgend jemanden hereinzulassen aus Angst, man würde ihm zuvorkommen. Er ließ sich das Essen vor die Tür stellen. Nach einer Woche veröffentlichte er einen wissenschaftlichen Artikel, und man hörte nie wieder von ihm. Hauptsächlich, weil in dem Augenblick, in dem er seinen Artikel veröffentlichte, jeder, der Ahnung von dem Gebiet hatte, in das Röntgen da gestolpert war, herbeisprang, FuE betrieb und weit vorauseilte. Aber er ist der Entdecker, in Europa werden seine X-Strahlen immer noch „Röntgenstrahlen" genannt.

Es gibt einen engen Zusammenhang zwischen beiden Arten von Innovation und beiden Arten des Spielens, denn die beiden Arten des Spielens sind die Vorläufer der beiden Arten der Innovation. Das heißt nicht, dass jedes offene Spielen eine kulturelle Revolution der Innovation hervorrufen wird, und auch nicht, dass jedes Spielen innerhalb eines engeren Rahmens zu großen FuE-Entwicklungen wie dem PC führen wird. Aber diese beiden Beschäftigungen sind von Natur aus eng verwandt.

Aristoteles, der auf so viele Arten clever war, bemerkte das intuitiv. Er verstand, wie wichtig die unbeschränkte Beschäftigung für das menschliche Vorankommen ist. Er nannte es „Muße", aber eigentlich meinte er die Fähigkeit, Beschäftigungen nachzugehen, bei denen es keine festen Vorgaben gab. Aristoteles legte sehr einfach dar, dass Kultur von Muße abhängt und dass das Ausmaß, in dem die Menschheit fähig ist, Muße zu genießen, dem Ausmaß entspricht, in dem sie fähig ist, ihre Beschränkungen zu überwinden und sich weiterzuentwickeln.

Die Griechen liebten ihre Muße und waren fest davon überzeugt, dass Muße Kultur hervorbringt. Am besten kann man das in ihren Schulen sehen - das hat beispielsweise Platon in seinen Dialogen dargestellt. Lies mal „Das Gastmahl", eines der größten philosophischen Werke aller Zeiten. Es ist eine Diskussion großer philosophischer Ideen und findet bei einer Sauforgie statt. Wortwörtlich. Eine Orgie, deren Hauptthema war: Kann irgend jemand mehr saufen als Sokrates? Damit sollte noch mal bewiesen werden, was für ein großer Philosoph Sokrates war! Der Punkt war der, dass großes Denken von unstrukturiertem, offenem Spielen kommt. Die Griechen schämten sich dessen nicht. Sie hatten keinen geheimen Plan. Sie sagten nicht: „Wir spielen, aber als Nebenprodukt bekommen wir motorische Fähigkeiten." Die Freizeitbeschäftigungen erzeugten die Kultur, und wo es keine Muße gab, gab es nach Ansicht der Griechen keinen Fortschritt der Kultur.[1]

Aus dieser Perspektive gab es in der Menschheitsgeschichte zwei große Zeitalter: Die gesamte Geschichte bis heute, und das postindustrielle Zeitalter. Während der ersten Ära war es nur einer kleinen, mächtigen Elite gestattet zu spielen. Der Grund dafür ist, dass die gesamte Leistungskraft der großen Mehrheit der Menschheit für Arbeiten benötigt wurde, die dem Überleben dienten. Die Elite, die sich Muße leisten konnte, verteidigte ihren besonderen Status üblicherweise mit brutaler Gewalt. Aber da man nicht die gesamte Menschheit nur mit Gewalt beherrschen kann, muss man auch psychologische Mechanismen anwenden. Man muss die Leute überzeugen, sie sollten Muße überhaupt nicht wollen. Die Verunglimpfung des Spielens ist ein Teil dieser massiven Kampagne gegen Muße. Man soll arbeiten. Man soll seine „Pflicht" erfüllen.

Warum haben 95 Prozent der Bevölkerung diesen Zustand so lange akzeptiert? Die Geschichte liefert die Antwort. Als die Gesellschaft sich von einer der Jäger und Sammler zu einer der Ackerbau-

---

1 Während der Frage-Antwort-Runde nach dem Vortrag fand der folgende Austausch statt:

Fragesteller: Ich denke, das Wort „Muße" bzw. „Freizeit" bringt hier einige Probleme mit sich, denn wir definieren es als „eine Zeit, in der wir tun und lassen können, was wir wollen", z.B. Skifahren oder Segeln. Aber so wie du das Wort verwendest, kann damit auch ein Zwölf-Stunden-Arbeitstag gemeint sein, wenn du tatsächlich damit deine Zeit verbringen willst. Wenn du gern Texte schreibst, um etwas zu vermarkten, dann ist das Freizeit.

Daniel: Das stimmt. Es meint alles, das nicht dem absolut nötigsten für das rein biologische Überleben gewidmet ist.

Fragesteller: An dem Punkt geraten wir in Schwierigkeiten, denn wir arbeiten soundsoviele Stunden, um eine bestimmte Menge Freizeit zu bekommen. Und tatsächlich könnte man die Muße in die Arbeitsstunden einbauen, wenn der Kopf frei ist, und wir könnten dabei viel Vergnügen haben.

Daniel: Das ist genau das Problem mit dem Wort „Spielen", von dem ich sprach, denn eigentlich bedeutet Spielen etwas viel Weitergefasstes. Eigentlich ist es Arbeit im kreativen Sinn.

ern entwickelte, veränderte sich viel mehr als nur die wirtschaftlichen Umstände. Alle Arten des evolutionären Verhaltens, das die Menschen entwickelt hatten, um sich ihrer anfänglichen Situation als Jäger und Sammler anzupassen, mussten ebenfalls geändert werden. Das war möglich durch die großen materiellen Gewinne, die dieser Übergang mit sich brachte. Vor allem hatten die Menschen mehr Nahrung als je zuvor. Das versah eine Elite mit einem kleinen Mehrertrag, was wiederum zu einem wesentlichen nicht-materiellen Gewinn führte - nämlich zum Beginn einer Kultur mit einer breiten Grundlage. In dieser gibt es Kunst, es gibt Theater, es gibt Musik, es gibt Literatur, es gibt höhere Technologie, es gibt sorgfältig aufgezeichnete Geschichte, es gibt ein Justizsystem. Der Grund, warum die Mehrheit der Bevölkerung diese Situation akzeptieren konnte, ist, dass sie insgesamt mehr gewann als verlor. Wie viele Menschen machten sich während des Zeitalters des Ackerbaus auf und verließen ihre Bauernhöfe, um wieder zum Stammesleben zurückzukehren? Die Menschen haben auch die Städte von Syrien und Ägypten nicht in größerer Zahl verlassen und gesagt: „Vergesst das alles! Lasst uns zurück in die Sahara oder den Zentralafrikanischen Dschungel gehen, denn das Leben ist dort viel besser! Wir können dort freier sein." Sie blieben an Ort und Stelle. Auch wenn sie nicht die Freiheit und den persönlichen Status wie als Jäger und Sammler hatten, der Gewinn war beträchtlich. Es ist eine Art kulturelle Kosten-Nutzen-Abwägung: Die Leute tolerieren eine radikal neue Situation, weil sie insgesamt besser dran sind als in der früheren.

Beim Übergang von der landwirtschaftlichen zur industriellen Gesellschaft war das ganz ähnlich. Es gab einen weiteren Sprung vorwärts, größere materielle Gewinne und größere Kosten. Die Menschen sind nicht mehr Sklaven des Bodens, sondern Sklaven der Fabriken. Sie arbeiten mehr Stunden, aber sie leben besser als zuvor. Noch einmal, wie viele Menschen strömten aus den Städten, um auf die Bauernhöfe zurückzukehren? Warum gingen die Menschen in die andere Richtung? Wie elend auch immer ihr städtisches Leben war, der Gewinn lohnte die Kosten.

Mehrere Tausend Jahre lang war nur ein kleiner Bruchteil der Bevölkerung in der Lage, Muße zu haben und damit zum Wachstum der Kultur in irgendeiner tiefgreifenden Art und Weise etwas beizusteuern. Diese Situation wurde aufrechterhalten, denn der Rest der Bevölkerung profitierte insgesamt mehr als er dafür zu bezahlen hatte. Die Menschen konnten besser essen, sich besser kleiden, lebten besser und waren gesünder als jemals zuvor. Vom Blickwinkel des 20. Jahrhundert aus mag das Leben um 1700 nicht sehr verlockend aussehen, aber für jemanden, der damals lebte, sah das Leben in Liverpool viel besser aus als das Leben auf einem Bauernhof. Und für jemanden, der im Jahre 3000 v. Chr. lebte, fühlte sich das Leben in Babylon sehr viel besser an als das Leben in den Bergen von Kurdistan.

Jetzt befinden wir uns in der zweiten großen Ära der Menschheit, dem postindustriellen Zeitalter. Diese Ära ist bestimmt durch Erfindung von Geräten, die jegliche mechanische Arbeit durch elektronisch gesteuerte, halb-intelligente Arbeit ersetzen. Es befreit einen immer größer werdenden Prozentsatz der Menschheit davon, sich gänzlich auf die nötigsten Überlebensbedürfnisse zu konzentrieren. Ein kleiner Bruchteil der Arbeit, die man tut, wird benötigt, um grundlegende Bedürfnisse nach Essen, Kleidung und Unterkunft zu befriedigen. Das Zeitalter der Muße für jedermann ist greifbar. Wir wurden mit den älteren Konzepten erzogen, mit den Überbleibseln des Denkens der früheren Ära. Kinder, die heute aufwachsen, verstehen jedoch intuitiv, wenn nicht gar kognitiv, dass die Zukunft der Muße gehört, und dass die Herausforderung des Erwachsenendaseins in der Zukunft darin besteht, seine Muße im vollen Maße seiner Fähigkeiten zu nutzen, fähig zu sein, jedes Bisschen seines Könnens, seines innovativen Potenzials und seiner Kreativität zu nutzen. Spielen ist der Dreh- und Angelpunkt der Zukunft. Es ist kein Randthema. Es ist der Schlüssel zur Zukunft.[2]

---

2 Während der Frage-Antwort-Runde nach dem Vortrag fand der folgende Austausch statt:

Fragesteller: Ich wäre gern optimistisch, bin aber etwas besorgt, denn ich denke, man kann in der neuesten Geschichte auch andere Gegebenheiten finden, wo uns die selben Möglichkeiten geboten wurden. Ich denke da beispielsweise an den Eintritt der Frauen in die Erwerbsbevölkerung: Es sollten nicht mehr als 40 Stunden nötig sein, eine Familie zu versorgen. Aber was tatsächlich passierte, ist, man benötigte 60 oder 80. Die Gesamtzahl der Arbeitsstunden, die man braucht, um eine Familie zu ernähren, steigt in Wirklichkeit an. Mir scheint das nicht daran zu liegen, dass wir mehr Sachen bekommen. Vielleicht bin ich auch zu jung, um zu erkennen, wie viel mehr Dinge wir bekommen, aber für mich sieht es zum größten Teil so aus, dass diese Wirtschaft Arbeitsstellen erzeugt, die nicht produktiv sind. Ein furchtbar großer Anteil der Arbeit, die Leute verrichten müssen, um sich ernähren zu können, dient nicht dazu, die tatsächlich konsumierte Nahrung zu produzieren oder die Kleidung, die getragen wird, zu produzieren. Statt dessen dient sie dazu, die Nahrung bzw. die Kleidung zu verkaufen. Im Grunde dient diese Arbeit dazu, das Kapital von einer Hand in die andere fließen zu lassen, ohne wirklich Kapital dabei zu erschaffen. Es fällt mir also schwer, optimistisch zu sein und an eine Kehrtwende in der Kultur zu glauben, die den Menschen ermöglichen würde, von unnötiger Arbeit befreit zu werden. Denn, zumindest wenn man die Dinge betrachtet, wie sie bisher liefen, sieht es so aus, als würde die Kultur alles dafür tun, um sicherzustellen, dass jeder fleißig arbeitet.

Daniel: Du hast gerade selber die Kehrtwende beschrieben. Für mich ist das der interessanteste Aspekt an der Kehrtwende, ein Aspekt, der vielleicht auch am schwersten zu erkennen ist. Für mich selber habe ich das entdeckt, als ich über das Wohnungswesen nachdachte. Ich glaube, das war vor etwa zehn Jahren, als jeder darüber jammerte, der Amerikanische Traum sei vorbei, da es zu teuer sei, ein Haus zu kaufen usw. Heute hört man nicht mehr viel darüber, dank der Kehrtwende im Wohnungsbau. Als ich begann, darüber nachzudenken, sagte ich mir: „Warte mal, in welcher Art Haus wuchs ich in den 30er und 40er Jahren auf?" Ein Haus im Jahre 1500 hieß vier Wände aus Schlamm, eine Art Grasdach, einen Dreckfußboden und praktisch keine Möbel. So gut wie jeder hatte damals ein „Haus". Ein Haus im Jahr 1900 bedeutete etwas anderes. Und 1930, als meine Eltern ihr Haus in einem sehr hübschen Vorort von Philadelphia kauften, galt es als schönes Mittelklassehaus. Heute könnte man es nicht mal mehr verkaufen. Das Haus von heute ist etwas völlig anderes.

Was du beschrieben hast, ist genau die Kehrtwende. Was die Leute als fehlende Produktion „brauchbaren Kapitals" sehen, ist die Produktion von Vielfalt. Lasst uns noch mal kurz zurückgehen. Was ist das Problem für einen Unternehmer bzw. jeden Erfinder? Seine Idee zu vermarkten. Es ist mir egal, ob jemand Bilder malt, fotografiert oder Häuser baut; man kann der Weltbeste sein, wenn man sich nicht vermarkten kann, wenn man niemanden dazu bekommt, Geld dafür zu geben, kann man auch gleich etwas anderes machen. Der ganze Sinn des Marketings ist es, sein Produkt, was man kreiert hat, bei genügend Menschen da draußen bekannt zu machen, damit jemand es kauft. Die Kehrtwende geschieht in diesem Zeitalter, in dem es so viele neue Möglichkeiten des Marketings gibt, so viel gewaltigere Kommunikationsmöglichkeiten als vor vierzig Jahren. Der Grund, warum die Menschen all diese Dinge haben wollen, der Grund, warum die Menschen so hart arbeiten, ist, weil es da draußen so viel mehr interessante Dinge gibt, die sie haben wollen. Nicht, weil sie gierig sind. Sondern, weil die Produkte interessant sind. Es ist mehr ein ästhetisches Interesse, schöne Kleidung zu besitzen. Es ist tatsächlich schön, mehr als ein Paar Schuhe zu haben.

Es gibt so viele Möglichkeiten, dieses neue Phänomen zu illustrieren. Man denke beispielsweise an die starke Zunahme von Magazinen. Als ich jung war, gab es „Life", „Time", „Fortune" - nur eine Handvoll. Heute gibt es Magazine für alles: für Radfahrer, für Läufer, für Racketball, Tennis usw. Mehr als eines. Und sie sind alle verschwenderisch illustriert und sie haben alle jede Menge zielgerichtete Anzeigen darin. Puristen sehen all das und sagen: „Das ist eine gierige Gesellschaft. Sie produziert keine echten Dinge." Das ist lächerlich. Das ist eine Gesellschaft, in welcher man der Phantasie freien Lauf lässt. Und die Tatsache, dass die Leute weitere zehn Stunden in der Woche arbeiten wollen, um sich diese wirklich interessanten Ideen, denen sie begegnen, zu kaufen, ist für mich ein Zeichen dafür, dass für sie das Leben faszinierender ist. Unsere Gesellschaft sprudelt vor dieser Aufregung. Aber wir schämen uns immer noch etwas darüber, denn in uns bohrt immer noch diese puristische Ethik. Während wir uns also an der Vielfalt erfreuen, sagen wir: „Oh, wie schlimm. Wir sind so materialistisch geworden. Wir haben so hart gearbeitet. Wir genießen es nicht mehr. Wir arbeiten zweimal so hart. Wir schaffen es kaum." Aber tatsächlich gehen wir ins Einkaufszentrum, um zu sehen, was es Neues gibt, wenn wir nicht gerade in diesen dunklen Begriffen denken. Da arbeitet die Phantasie, nicht die Gier.

Man vergleiche einmal, was heute in den Regalen der Supermärkte steht, mit dem, was ich einkaufte, wenn ich als Kind in einen Laden ging, als es noch keine Supermärkte gab. Also was bedeutet Nahrung heute? Ich hatte einen Freund, der von fast gar nichts lebte, er lebte von Nahrungsmitteln, die im Irland des 19. Jahrhunderts völliger Standard gewesen wären. Er lebte von gekochten Zwiebeln und gekochten Kartoffeln. Und es ging ihm gut. Sein Nahrungsbudget war winzig. Wenn man von Kartoffeln oder Zwiebeln leben will, kann man von sehr wenig leben. Das gleiche gilt für Autos. Ein Auto bedeutet heute etwas völlig anderes als die „Tin Lizzie", die wir 1945 besaßen. Ein Ding wie dieses bekäme man heute nicht mal mehr zugelassen. Man kann sich mit sehr wenig Geld sehr schön kleiden. Aber das ist nicht so aufregend. Es bedeutet nicht dasselbe.

Das ist Innovation. Das ist Spielen. Das bedeutet, Mensch zu sein. Das ist es, was unser 19 Monate alter Enkel den ganzen Tag tut. Er sucht nach neuer Aufregung in unserem Haus. Es gibt nichts, das wir noch im Haus behalten können. Das Haus ist ein heilloses Durcheinander, denn er will alles anschauen.

Die Leute fangen an, freies Spielen als kreative Beschäftigung zu würdigen. Wenn Leute über das Spielen schreiben, verfangen sie sich oft darin, dass sie zu beweisen versuchen, dass Spielen in Ordnung ist, indem sie die Fähigkeit der Kinder zu spielen und kreativ zu sein, quantitativ erfassen. Sie stecken Kinder in Labore und sagen ihnen, sie sollen auf die eine oder andere Art kreativ sein. Dagegen habe ich nichts, nur, dass es nicht erfasst, wovon wir hier sprechen. Es ist schon an sich unmöglich, den Nutzen von Muße zu messen, weil das Wesen der Kreativität ist, dass sie unbestimmt ist, während das Wesen von Messungen ist, dass sie bestimmbar sind. Man kann nicht beides gleichzeitig haben. In dem Moment, in dem man eine Beschäftigung so weit abgrenzt, dass man sie messen kann, hat man ihren wahren innovativen Wert bereits verloren.

Die Natur des Spielens innerhalb eines engeren Rahmens - und seine Verbindung zur Forschung und Entwicklung - wird viel weniger gewürdigt. Ein perfektes Beispiel für das, was ich meine, ist ein Sonett. Ein Sonett ist eine hochstrukturierte Form der Dichtkunst, ja einige der großartigsten Dichtungen wurden in Sonettform geschrieben. Das Schöne an der Kreativität hier ist die große Anstrengung des Dichters, innerhalb dieses Rahmens innovativ zu sein. Das ist die FuE-Herausforderung. Wir sind voll des Lobes bei Menschen, denen das gelingt. Wir nennen sie großartige Dichter. Wenn alle Schüler von Sudbury Valley sich hinsetzen und den ganzen Tag lang Sonette schreiben würden, wäre jeder begeistert. Niemand hätte damit ein Problem. Wir hätten eine Warteliste von tausend Leuten. „Das ist die Schule, wo die Leute Sonette schreiben." Aber erzählt man den Leuten, dass es da Kinder gibt, die fünf Stunden lang Computerspiele spielen, fangen sie an, sich zu fragen, ob sie ihre Kinder dort wirklich anmelden oder mit solchen Kindern zu tun lassen haben sollten. „Geh' nicht in die Scheune! [Dort befinden sich die Computerspiele, Anm. d. Übers.] Es ist in Ordnung, wenn Du auf die Schule gehst, aber geh' nicht in die Scheune!" Die Herausforderung für uns besteht darin, den Leuten zu zeigen, dass dies zwei Aspekte der selben Sache sind. Wir fühlen uns einfach mit bestimmten Aktivitäten nicht wohl, weil wir nicht damit aufgewachsen sind. Erwachsene über 30 Jahre - es ist mir egal, wie computerbewandert sie sind - haben nicht die geistige Einstellung wie Kinder zum kreativen Umgang mit den Möglichkeiten der Computerspiele. Man muss das gesehen haben, um es zu verstehen. Ich persönlich kann es nicht *fühlen*, aber ich kann es *sehen*. Ich kann es in den Augen der beteiligten Leute sehen. Ich kann es in ihren Unterhaltungen sehen, in ihrem Miteinander.

Was ich hauptsächlich sagen will, ist, gibt man Kindern die Freiheit zu spielen, dann gibt man ihnen die Freiheit, die Natur innovativer Prozesse unmittelbar zu entdecken. Sie erhalten damit unmittelbar eine Umgebung, die erahnen lässt, welche Handlungen ihnen lebenslang nützlich sein werden, im Zeitalter von Innovation, Muße und Kreativität.

Das führt zu einer abschließenden Beobachtung. Wenn Schüler bei uns in der Schule älter werden, entwickelt sich ihr Spielen natürlicherweise zu Formen weiter, die besser zum Erwachsenenalter passen. Das ist ein natürlicher Vorgang. Es ist eine Frage der Beständigkeit. Es handelt sich um die selbe Aktivität, nur ein paar Jahre später. Und all die Merkmale von Spielen - die Freude, der Fokus, die Konzentration - setzen sich im Erwachsenenalter fort.

Die Frage „Warum macht Spielen Spaß?", ist einfach zu beantworten: Es garantiert, dass die Menschheit auch weiterhin spielen wird. Warum sollte man es sonst tun? Es ist wie mit Sex. Das ist genau so zentral. Spielen einzuschränken, ist genau wie Keuschheit erzwingen.

Gespräche

Der Kern vom Ganzen

Der Untertitel wurde mit Bedacht gewählt, um den Stellenwert aufzuzeigen, den Gespräche im Verhältnis zum gesamten Prozess des Lernens und Lebens meiner Meinung nach haben.

Mit dieser Vortragsreihe möchte ich zeigen, was wir in den letzten dreißig Jahren gelernt haben. Ich halte es für recht interessant, wie gründlich wir das Thema Gespräche in den Anfangsjahren ausließen; in unseren ersten Veröffentlichungen ist es kaum erwähnt. Wir sprachen viel über unsere Erwartung, dass die Kinder viel spielen würden. Und sie spielten tatsächlich viel, vom ersten Tage an. Genauso unterhielten sie sich auch vom ersten Tage an viel; aber was es damit auf sich hatte, verstanden wir nicht ganz. Wir vermuteten halt, das sei etwas wie atmen und essen, etwas, das man einfach so tut. Erst im Laufe vieler Jahre wurde uns immer mehr die grundlegende Wichtigkeit der Gespräche klar, und erst vor kurzem, wie allgegenwärtig Gespräche an der Schule sind. Sie sind eine wichtige Aktivität für Kinder jeden Alters und für Teenager die Hauptbeschäftigung .

Wenn man ein solches Phänomen an einer Schule wie der unseren bemerkt, wo die Kinder die Freiheit haben, zu tun, was sie wollen, fragt man sich unweigerlich: „Warum? Was ist so leidenschaftlich fesselnd daran, sich mit anderen zu unterhalten?" Vor ein paar Jahren ging mir ein Licht auf, als ich vom Fenster im zweiten Stock aus drei jüngere Mädchen die Straße vom Parkplatz her entlangkommen sah. Sie müssen ungefähr sieben Jahre alt gewesen sein und waren offensichtlich in eine intensive Unterhaltung vertieft. Ich konnte kein Wort hören. Aber es *sah* genau so aus, als liefen dort drei Erwachsene lang. Es waren drei kleine Mädchen, aber sie sahen völlig erwachsen aus, während sie da liefen und sich unterhielten. Durch diese kleine Begebenheit wurde mir schlagartig klar: Was sie da taten, war ihnen genau so wichtig, so bedeutsam, wie Erwachsenen, die in die selbe Art von Unterhaltung vertieft sind.

Die Herausforderung bestand für mich nun darin, zu verstehen, warum sie sich unterhalten - und auch, worüber. Darum soll es heute Abend gehen - um die Einsichten, die wir in den letzten Jahrzehnten darin gewonnen haben.

Beginnen wir mit einer Definition von Gesprächen[1], damit wir wissen, worüber wir sprechen. Ein Gespräch ist ein verbaler Austausch zwischen mindestens zwei Menschen. Die gebräuchlichste Form ist die mündliche, aber es gibt auch andere, etwa schriftliche Gespräche per Brief. Im heutigen Informationszeitalter gibt es E-Mail, die Eigenschaften mündlicher und schriftlicher Gespräche schön verbindet: Man kann sich relativ schnell austauschen, aber nicht so schnell, dass man sofort antworten muss. Außerdem gibt es die interessante Form der Selbstgespräche, bei denen man Dinge mit sich selbst bespricht - meist still, indem man in Gedanken Wörter verwendet.

Gespräche sind eine Form der zwischenmenschlichen Kommunikation. Es gibt auch andere Formen der Kommunikation zwischen Menschen, aber Gespräche sind speziell eine *verbale* Form. Sie beruht auf einem Austausch von Worten. Sie dient vor allem dazu, Informationen zu beschaffen, und die Umwelt durch Worte zu beeinflussen. Zum Beispiel, wenn wir Wörter benutzen, um jemanden dazu zu bewegen, etwas für uns zu tun, benutzen wir Worte, um die Umwelt zu beeinflussen. Dreh- und Angelpunkt ist dabei das *Wort*. Um eine klare Vorstellung von Gesprächen zu bekommen, müssen wir verstehen, was Wörter sind, was Sprache ist.

---

1 Im Original heißt es „conversation". Auf Deutsch verbindet man mit „Konversation" allerdings eher einen belanglosen und steifen Small Talk als eine lockere, ungezwungene Unterhaltung oder einen Gedankenaustausch. (Anm. d. Übers.)

Wir begeben uns jetzt in ein ziemlich komplexes Gebiet. Viele Philosophen haben über Sprache geschrieben. Es ist ein schwieriges Thema, und sehr viel wird immer noch erforscht und untersucht. Lasst mich meine Sicht darauf darlegen.

Wie jedes andere Tier, müssen Menschen die Welt begreifen, um in ihr überleben zu können. Dazu entwickeln sie - wie ich es nenne - „Modelle der Realität“. Sie formen ein gedankliches Bild der sie umgebenden Wirklichkeit. Jeder von uns hat sein eigenes Modell der Realität. Und genau so wichtig wie ein Modell von der Realität zu haben, welches ein Bild ist, ist es, dass jeder von uns einen Interaktionsmodus entwickelt, mit dem wir unsere Umwelt beeinflussen, Dinge von der Umwelt bekommen, und unsere Sinne benutzen können, um mit ihr in Wechselwirkung zu treten. Es gibt also sowohl das feststehende Bild, das wir haben - das Modell - als auch die Art und Weise, das Modell zu erschaffen und zu verfeinern. Ich brauche eine Kurzbezeichnung, um diese duale Funktion zu beschreiben, die jeder von uns hat, die uns eigen ist - unser Modell der Realität, das sich ständig verändert, und unsere Art und Weise, mit der Realität zu interagieren. Ich nenne es unseren „Modor“. Der Modor bezeichnet die Gesamtheit der Mechanismen, mit denen der Mensch sein Leben begreift. Dazu gehören alle Mittel der Interaktion mit der Umwelt; beispielsweise, die auf den Sinnen beruhenden und jene, mit denen die aufgenommenen Informationen verarbeitet werden. Außerdem gehören zum Modor all die Vorstellungen, die Menschen sich von der sie umgebenden Welt machen, seien sie nun bewusst oder unbewusst, kognitiv oder emotional.

Der Modor ist etwas sehr persönliches. Er ist unsere einzigartige Weise, die Welt zu sehen, zu verstehen und mit ihr umzugehen. Jeder Mensch entwickelt von Geburt an seinen eigenen auf ihn abgestimmten Modor, der sich ständig ändert und von seinen Lebenserfahrungen beeinflusst wird.

Die Evolution hat den Menschen ein besonderes zusätzliches Werkzeug gegeben, das, so weit ich weiß, kein anderes Tier zur Erschaffung seines Modors hat: die Fähigkeit, Symbole für unsere Gedanken zu erschaffen. Ein Wort ist eine eigenständige Einheit, eine

Kurzbezeichnung, die wir ständig nutzen, um unseren Modor aufzubauen und zu entwickeln.

Ein Wort ist ein Symbol, das sich auf viele Dinge in unseren Gedanken bezieht. Das Wort selbst ist etwas eigenständiges. „Stuhl", „rennen", „Liebe", „Hass" - jedes dieser Wörter ist ein eigenständiges Symbol. Aber jedes von ihnen bezieht sich auf einen riesigen Komplex an Gedanken, an Referenzen, die mit all unseren Lebenserfahrungen zu tun haben. Selbst bei einem scheinbar einfachen Substantiv können die Referenzen komplex sein. Beispielsweise ist das Wort „Stuhl" mit vielen Dingen in unseren Gedanken verknüpft, bei jedem einzelnen von uns mit anderen. Ich verbinde dieses Wort mit Dingen, die vielleicht nur ich einen Stuhl nennen würde, aber niemand sonst. Auf dem Gebiet der Kunst und Poesie erleben wir das ständig.

Die ersten, die über Sprache philosophierten, waren wohl die Griechen. Platons Dialoge dienten wesentlich dem Versuch, Wörter zu verstehen, ihre Bedeutung herauszufinden. Platon erschuf ein ganzes Gedankensystem, nur für den Versuch, zu erklären, wie wir zum Grundkonzept eines „Stuhls" kommen. Wer sich mit Philosophie beschäftigt hat, wird sich an Platons Theorie der Idealtypen (oder Archetypen) erinnern - irgendwo da draußen gibt es einen „idealen Stuhl", und das Wort „Stuhl" steht für diesen idealen Stuhl. Ich möchte hier nicht näher darauf eingehen, sondern nur hervorheben, dass den Griechen sehr klar war, dass selbst ein so einfaches Wort sehr kompliziert ist. Jetzt verstehen wir, wie umständlich verwoben das Beziehungsgefüge zwischen einem beliebigen Wortsymbol und all dem, wofür es steht, ist.

Eine zusätzliche Schwierigkeit ist, wie Wörter miteinander verknüpft sind. So wie ein Wort mit einem ganzen Netz an Erfahrungen und Gedanken verknüpft ist, so sind Wörter auch miteinander durch diese Netze verknüpft. Das wird z.B. bei Wort-Assoziationsspielen deutlich. Man erfährt zwischen den Zeilen viel darüber, wie jemand die Welt sieht, wenn man nur versteht, welche Wörter er mit welchen verbindet. Das ist eine weitere Art zu sagen, dass jedes Wort irgendwie mit jedem anderen Wort in unserem Verstand organisch verknüpft ist. Und dass, diese sehr persönlichen Verknüpfungen ans Licht zu bringen, der Schlüssel zur Frage ist, wer wir sind. So viel steckt in dem Konzept des „Wortes" drin.

Wenden wir uns der Nützlichkeit dieser Wortsymbole zu. Warum gab uns die Evolution die Sprache? Welchen großen evolutionären Vorteil bringt uns ein Wortsymbol von so großer Komplexität? Im Grunde bringt es uns zwei wirklich wichtige Vorteile. Der erste ist, dass wir unsere Gedanken damit sehr viel effizienter organisieren können. Wenn man in einem Meer aus Gedanken und Erfahrungen schwimmt, ist man von allem überwältigt. Man denke an ein Kind, das noch nicht sprechen kann, und die enorme Ratlosigkeit dieses Kindes gegenüber der Wirklichkeit: Dem Kind fehlen nicht nur Erfahrungen, sondern auch die Wörter und damit auch dieses wunderbare Hilfsmittel, mit dem es Ordnung in all die verwirrenden Zusammenhänge bringen kann. Für das Kind ist es so viel schwerer, aus der Umwelt schlau zu werden; es gibt einfach zu viel zu verarbeiten. Kleinkinder sind so brillant. Die Geschwindigkeit, mit der sie lernen, ist atemberaubend. Warum sie trotz ihrer Brillanz so lange brauchen, bestimmte Dinge zu lernen, liegt daran, dass sie nicht über diese wunderbare Abkürzung verfügen: das Wortsymbol. Das Wortsymbol ist ein organisatorischer Geniestreich der Evolution. Indem es ein großes Bündel an Erfahrungen und Referenzen zusammenfasst, ermöglicht es uns, sehr komplexe Erfahrungen und Gedanken miteinander in Beziehung zu bringen, so dass wir sie dann verarbeiten und benutzen können. Darum geht es in Selbstgesprächen. Wenn wir mit uns selbst reden, wenn wir - im Gegensatz zur bloßen Meditation - in Wörtern denken, findet dieser Verarbeitungsprozess statt, mischen wir unsere Ideen neu. Wir versuchen, unser Denken umzuorganisieren. Und zwar, indem wir Worte herumschieben, sie neu ordnen und an andere Stellen packen.

In diesem Zusammenhang zeigte mir Alan White ein wunderbares Zitat von Oliver Wendell Holmes [US-amerikanischer Arzt und Schriftsteller, Anm. d. Übers.]: „Ich entwerfe meine Gedanken in der Rede, wie der Künstler Ton formt. Gesprochene Sprache ist so plastisch. So einfach kann man dieses weiche Material festdrücken und gefühlvoll verteilen und Übergänge schaffen und ausspachteln und auffüllen und ankleben. Zum Modellieren gibt es kein besseres Material. Heraus kommen die Formen, die man in seinen unvergänglichen Büchern - wenn man denn welche schreibt - dann in Marmor oder Bronze verwandelt." Besser lässt sich kaum beschreiben, wie wir Wörter nutzen, um unsere eigenen Ideen zu schaffen und zu formen.

Wörter bringen uns aber noch einen zweiten sehr viel größeren evolutionären Vorteil. Er geht noch über unsere Fähigkeit hinaus, unsere eigenen Gedanken zu organisieren. Wörter befähigen Menschen, sich mit dem Modor anderer Menschen zu verbinden. Mit Wörtern können wir nicht nur für uns selbst die Welt besser organisieren, sondern wir können darauf zugreifen, wie jeder andere die Welt für sich ordnet. Dadurch können wir unsere Fähigkeit, die Realität und das Leben zu verstehen, immens steigern. Auf einmal hat man nicht nur einen Verstand - den eigenen -, um sich in der Realität zurechtzufinden, sondern man hat auch ein Werkzeug, mit dem man die Gedanken anderer Menschen erforschen kann. Wörter sind ein Hilfsmittel für den Austausch zwischen dem Verstand eines Menschen und dem anderer Menschen. Sie befähigen uns, untereinander Informationen auszutauschen, die den Modor betreffen, und damit, den Bereich dessen, was wir verstehen, erheblich zu erweitern.

Dieses Phänomen grenzt meiner Meinung nach an ein Wunder. Man kann kaum verstehen, wie das funktioniert. Wie kann ich mir den Modor eines anderen erschließen, wenn ich ein Wort benutze, das für mich vielleicht etwas völlig anderes als für ihn bedeutet? Wie kann das gleiche Wort überhaupt jemals für uns beide das gleiche bedeuten? Das ist eine gigantische Aufgabe, wie sich wieder am Beispiel des Kindes zeigen lässt. Es muss eine erheblich Anstrengung aufbringen, um herauszubekommen, was ein Wort bedeutet. Die Lautbildung bereitet ihm eigentlich kaum Schwierigkeiten, das ist der leichte Teil. Der schwierige ist, herauszufinden, wie man diesen Laut *nutzt*. „Warum nutzt der Erwachsene genau dieses Symbol? Auf welche Bezüge greife ich da zu? Was werde ich dem Erwachsenen entlocken, wenn ich das gleiche Wort verwende? Was passiert, wenn ich dieses Wort benutze?" Herauszufinden, wie man die Kluft zwischen den Modors verschiedener Menschen überbrückt, ist die Aufgabe der verbalen Kommunikation. Das dauert lange, ist anstrengend, aber wenn es gelingt, ist es eine enorme Leistung.

Um den gesellschaftlichen Nutzen der Sprache besser zu verstehen, möchte ich kurz über, wie ich es nenne, „konzentrische Kreise der Sprache" sprechen. Der erste Ort, an dem ein Mensch lernt, Wörter zu benutzen, ist in der Familie; und das ist kein Zufall, denn im Familienkreis hat das Kind eine gleichbleibende Umgebung der immer selben Menschen, der selben Eltern, Geschwister und so weiter - ein Fall totaler Immersion [völliges Eintauchen in eine neue Sprache, Anm. d. Übers.]. Wenn Erwachsene eine neue Sprache lernen, gehen sie ähnlich vor. Wie lernen sie eine Fremdsprache am besten? In einer Klasse? Vergiss es! Schnapp' dir jemanden, verfrachte ihn nach Frankreich, ohne Wörterbuch und ohne englischsprachige Begleitung - und er wird mit Sicherheit Französisch lernen. Ganz besonders Kinder, die noch nicht solche Hemmungen wie Erwachsene haben. Überleg' mal, wie es kommt, dass ein 7-jähriger, der vorher kein Wort Französisch sprach und dann in Paris ausgesetzt wird, einen Monat später auf Französisch drauflosredet? Das ist die gleiche Frage wie die, wie ein Zweijähriger lernt, die Sprache seiner Familie zu sprechen. Er taucht in diese Sprache ein, ist ihr ständig ausgesetzt, immer und immer wieder. Das Kind beginnt zu verstehen, was seine Eltern und Geschwister mit bestimmten Wörtern meinen, und es versucht, ihren Gebrauch der Wörter auf die Symbolisierung zu beziehen, die es selbst zu entwickeln beginnt. „Liebe" ist ein sehr gutes Beispiel; was tut es mit diesem Wort? Das Kind hört seine Eltern „Ich liebe dich" zu ihm sagen - und dann stossen sie es an und quetschen geradezu das Leben aus ihm raus. Das Kind fragt sich, was das wohl bedeutet. Oder sie drücken ihm einen dicken, nassen Kuss auf. Wie wird es das deuten? Es hört alle nur erdenklichen Kosenamen, die mit dem Wort verbunden sind. Und all das muss es nun zu einem schlüssigen Ganzen zusammenfügen. Es formt schließlich einen Komplex an Erfahrungen rund um das Wortsymbol „Liebe“ und beginnt, es zu benutzen. Anfangs vielleicht in einer unpassenden Weise, aber die Erwachsenen in seiner Umgebung reden mit ihm, und das ändert seinen Gebrauch des Wortes.

Im Laufe der Jahre, in denen ein Kind mit seiner Familie zusammenlebt, entwickelt sich langsam ein „innerer Kreis der Sprache“, in dem die Familienangehörigen viele Wörter in gleicher Weise benutzen und das gleiche unter ihnen verstehen. Jeder kennt diese „private Sprache“, die sich in Familien entwickelt, mit ihren eigenen Begriffen und Bedeutungen. Die Familienmitglieder können sich einen kurzen Blick zuwerfen und ein bestimmtes Wort sagen, und schon tritt ein ganzes Bündel von Assoziationen zutage, sie lachen oder zwinkern einander zu, während alle anderen ringsum keine Ahnung haben, um was es geht.

Jeder andere soziale Kreis, in dem wir uns bewegen, entwickelt mit der Zeit ebenso seine eigene „private Sprache“. Wir sind dort aber seltener als in der Familie, sind weniger „eingetaucht“ - unter den Mitgliedern eines solchen Kreises gibt es weniger Überschneidungen der Wortbedeutungen als in der Familie, die Verständigung wird schwieriger, die Herausforderung, einander zu verstehen, höher. Ein solcher sozialer Kreis - sagen wir Mitarbeiter am Arbeitsplatz - entwickelt seinen eigenen Wortschatz, aber er ist nicht so vertraut und nicht so umfassend wie der in den Familien. Auch mit seinen Freunden in der Schule, entwickelt man einen gemeinsamen Wortschatz, aber vieles unterscheidet sich von jenem auf der Arbeit. Da gibt es jede Menge andere Wörter und andere Bedeutungen. Sogar die selben Wörter bedeuten etwas ganz anderes, wenn man mit seinen Freunden im Klub spricht. Je größer ein solcher Sprachkreis wird, desto schwächer wird die Fähigkeit, sich mit anderen zu verständigen, sich mit ihren begrifflichen Modellen zu verbinden. Es wird schwieriger zu wissen, worüber sie reden.

Stell’ dir vor, welcher Herausforderung ein Präsident sich gegenüber sieht, der vor einer Nation steht und sie mit den Wörtern seiner Rede erreichen will! (Das gilt für jeden Präsidenten, ich meine das nicht politisch.) Was für eine Herausforderung für jeden, mit dem Präsidentensiegel im Hintergrund dazustehen und Wörter zu benutzen, um die Angelegenheiten der gesamten Nation zu beeinflussen. Es kann gar nicht jeder das gleiche unter dem verstehen, was der Präsident da meint. Jedes Wort hat eine geringfügig - oder erheblich - andere Bedeutung für jeden von den Millionen Zuhörern da draußen; jeder Bezug und jede Verknüpfung ist anders. Und noch viel mehr gilt das für internationale Angelegenheiten, bei denen man nicht nur Unterschiede in der Bedeutung innerhalb der selben Sprache überbrücken muss, sondern noch die Übersetzung zwischen Sprachen dazukommt, in denen schon die Art und Weise, Wörter aneinanderzureihen, verschieden ist.

Ich bin darauf so ausführlich eingegangen, weil die Fähigkeit, Wörter zu benutzen, ein zweischneidiges Schwert ist. Der große Vorteil, den die Evolution uns mit den Wörtern gegeben hat - auf den Verstand anderer Leute zugreifen zu können, nicht allein auf das eigene Gehirn begrenzt zu sein, dieser riesige Fortschritt in der Fähigkeit, die Welt zu verstehen - dieser Vorteil hat eine Kehrseite. Die Schwierigkeit nämlich, herauszufinden, was der andere unter solchen Wort-Symbolen versteht. *Genau darum geht es bei Gesprächen.* Es geht darum, Wörter immer und immer wieder zu benutzen, egal in welchem der „konzentrischen Sprachkreise" man sich auch befindet. Damit versuchen wir herauszufinden, was *wir* und was *der andere* beim Gebrauch dieser und jener Wörter meint - und letztendlich, die Welt besser zu verstehen. Darum sind Gespräche so wichtig, so tiefgreifend, darum muss man ihnen so viele Stunden widmen. Was sagt man, wenn jemand auf eine sehr tiefgründige Frage nur lakonisch mit einem Satz antwortet? Man sagt: „Worüber spricht der? Ich verstehe nichts. Der sagt nie was. Nie erfährt man, was er denkt, was ihn umtreibt. Man erhält immer nur so kurze Antworten von ihm." Und wenn man ihn herausfordert und ihn direkt fragt, wie es denn komme, dass er nicht mehr sagt, entgegnet er: „Ich habe alles gesagt, was ich zu sagen habe. So ist eben meine Meinung." Man möchte ihm gern immer mehr Wörter entlocken, sich etwas Plastisches erschaffen. Also hakt man nach: „Ich würde gern wissen, was du damit meinst. Was bedeutet das wirklich für dich, und wie verhält sich das zu dem, was ich meine?" Das ist der ganze Grund dieser dreistündigen Telefongespräche, die wir führen, die unsere jugendlichen Kinder führen und die unsere kleinen Acht- und Neunjährigen führen. Sie versuchen ständig zu verstehen: „Wie kann ich die Welt aus einer weitergefassten Perspektive sehen, wenn ich sowohl meinen eigenen Verstand benutze als auch den anderer?" Es gibt kein größeres Werkzeug, mit dem uns die Evolution für den Erfolg im Leben ausgestattet hat. Wer Gespräche beherrscht, wer sich die Modors anderer zu erschließen weiß, ist bestens ausgestattet, um in einer sich schnell verändernden Welt zurechtzukommen und sich jederzeit zu erschließen, was im Gange ist. Und wer das nicht beherrscht, dem fehlt die wirksamste Methode zu lernen.

Die Bedeutung der Gespräche wurde im Laufe der Zeiten richtig erkannt. Die Akademien der antiken Griechen waren Orte, an denen die Leute herumliefen und redeten. Die Schüler in Aristoteles' Schule für Philosophie nannte man „Peripatetiker", was im Griechischen „Umherwanderer" bedeutet. Sie wanderten umher und redeten, und dabei entwickelten sie großartige Gedankenwerke, von denen man viele in ihren unvergänglichen Büchern findet. Auch in der anderen großen antiken westlichen Kultur, der jüdischen, waren die Rabbinischen Akademien alles Orte, an denen vor allem geredet wurde. 2000 Jahre lang redeten und redeten Hunderte und Tausende studierter Rabbiner über die Feinheiten des Judentums, des jüdischen Rechts, der Theologie, der Ethik usw.

Oder nimm die Physik, die zum Kern der klassischen Wissenschaft gehört. Das bedeutendste Physikinstitut des 20. Jahrhunderts war das Niels-Bohr-Institut in Dänemark. Bohr ist der Mann, der die Quantentheorie des Atoms entwickelte, den Grundstein der modernen Physik. Er scharte die größten Physiker seiner Zeit um sich - und hing mit ihnen herum. Das war es, was sie taten, sie hingen herum. Ich verwende diesen Ausdruck, denn wir hören ihn hier oft an unserer Schule. Sie kamen in sein Institut, um ein paar Monate herumzuhängen. Sie spazierten durch die Wälder, sie segelten auf dem Meer, sie schwammen, und was sie mehr als alles andere in Erinnerung behielten: sie redeten. Sie redeten über Physik, über ihre Theorien, über Gott, über Philosophie. Was sie versuchten, all diese bedeutenden und weniger bedeutenden Physiker, war, einander zu verstehen. „Wie sieht er die Welt? Was denkt er?"

Wir alle verbringen viel Zeit mit Reden, das ist eine Tatsache; ich kenne niemanden, der nicht einen Großteil seines Tages mit Reden verbringt. Das heißt nicht, dass alles Reden einem unmittelbaren Zweck dient. Tatsächlich sind 99 Prozent unserer Gespräche ohne konkreten Gebrauchswert. Lässt man seinen Tag Revue passieren und fragt sich einmal, wieviel von dem, was man gesagt hat, auf ein konkretes Ziel angelegt war, wird mal feststellen müssen, dass deutlich mehr als 90 Prozent nicht zu einem direkten, brauchbaren Ergebnis geführt haben. Meist ging es darum, Bedeutungen zu erfahren, sich über sie auszutauschen, herauszufinden, was in den Köpfen anderer Menschen vor sich geht.

Vor allem deshalb ist das Gespräch so wichtig. Deshalb unterhalten sich die Kinder, und wenn sie frei sein dürfen – wie an einer Sudbury-Schule –, tun sie es die ganze Zeit über. Eltern machen sich manchmal Sorgen, ihre Kinder würden nicht genug über zweckmäßige Dinge reden. „Warum reden sie nicht über Algebra? Ich hätte nichts dagegen, würden sie darüber reden. Ich hätte auch nichts dagegen, wenn sie sich hinsetzen und ein Shakespeare-Stück lesen würden." *Auf lange Sicht jedoch können Algebra-Kenntnisse nicht der Fähigkeit das Wasser reichen: herauszufinden, was in der Welt geschieht, die sich vor unseren Augen ständig verändert, und sich erschließen zu können, was andere darüber denken.* Hat man diese Fähigkeit und braucht irgendwann mal Algebra, ist man erfahren genug, es schnell zu lernen, denn der Schlüssel ist hier nicht die Fähigkeit, den jeweiligen Lehrstoff abzuspeichern, sondern sich den Verstand anderer zu erschließen.

Bevor ich zum Schluss komme, möchte ich noch ein merkwürdiges Paradox erwähnen. Die Gesellschaft hebt immer wieder hervor, wie wichtig mehr Kommunikation sei. Das ist eine sehr moderne Entwicklung. Als ich jung war, in den 40er und 50er Jahren, sprachen die Leute nicht die ganze Zeit von dem Bedarf an Kommunikationskompetenzen. Meine Eltern erwähnten dieses Wort nie. Aber als die Technik ausgereifter wurde, besonders in den 60er Jahren, begann sich das zu ändern. Man erkannte, dass Kommunikation eine wichtige Fertigkeit ist; jetzt redet jeder davon. Es ist paradox: Obwohl die Leute betonen, wie wichtig Kommunikation ist, schrecken sie in der Schule davor zurück. An traditionellen Schulen ist sie strengstens verboten. Dass die Kinder den ganzen Tag den Mund aufmachen, ist das letzte, was man dort will. „Du sprichst. Du störst den Unterricht." Ein Professor, bei dem ich Vorlesungen besuchte, beantwortete im Unterricht nicht einmal Fragen. Er betrat den Raum und begann, an die Tafel zu schreiben und seinen Vortrag zu halten. Wenn jemand die Hand hob, weil er etwas nicht verstanden hatte, schaute der Professor ihn nur an und sagte: „Sie bezahlen hier nicht dafür, sich selbst reden zu hören. Sie bezahlen dafür, mich reden zu hören. Wenn Sie eine Frage haben, kommen Sie in meine Sprechstunde."

Man weiß in unserer Kultur, wie wichtig Kommunikation ist. An unseren Schulen aber, wo wir angeblich Leute darauf vorbereiten, ihren Platz in der sich ständig verändernden, sich rasch entwickelnden Welt einzunehmen, wird Kommunikation auf ein Minimum beschränkt. In den vergangenen 30 Jahren haben wir an Sudbury Valley gelernt, dass freie Kommunikation eine der größten Stärken der Schule ist. Wenn man die Leute frei sein lässt, kommunizieren sie. Sie reden den ganzen Tag. Und jetzt verstehen wir, warum.

Wenn du also das nächste Mal Kinder herumhängen siehst, denke daran, wieviel ihnen das bringt. Stelle dir die Schule als eine moderne Akademie des Aristoteles vor, wo die Schüler ihren Verstand schulen, indem sie mit einander reden.

Ich möchte schließen mit einem wunderbaren kurzen Zitat aus einem Artikel von Bruce Thomas[2]: „Also, was sind Worte wert? Offensichtlich sehr viel. Aber Worte sind für unser Bewusstsein wie Luft für unseren Körper - ein Teil des Lebens, der für uns so selbstverständlich ist, so vertraut, dass er unsichtbar wird. Zudem sind Worte in ihrer Form als Gespräch ein Bestandteil der Schule, der für Psychometriker und Ökonomen zutiefst problematisch ist. Wie

2 „What Are Words Worth?", Sudbury Valley School Journal (Vol. 27, No. 2), S. 39

misst man das Verhältnis von Gesprächen zur Schülerleistung? Wie misst man Gespräche überhaupt? Wie berechnet der Ökonom einen Einfluss, der sich ständig ausdehnt und wieder zusammenzieht und der in einer Fülle geschaffen werden kann, die dem von Knappheit geprägten Charakter der traditionellen Schulen zuwiderläuft? Das ist unordentlich und schwer fassbar. Gespräche liegen außerhalb des Messbereiches und widersetzen sich der Aufnahme als Variable in Ursache-Wirkungs-Beziehungen. Aber das ist schon in Ordnung. Reden wir einfach alle weiter."

Die Rolle der Eltern

Heute soll es um die Frage gehen, worin die Rolle der Eltern besteht. Diese Frage bekommen so viele von uns im Umfeld der Schule zu hören, in so vielen verschiedenen Zusammenhängen. Auch dadurch, sie zu beantworten, haben wir einiges gelernt.

Lasst mich einen Blick in die Vergangenheit werfen und erzählen, welche Ansichten wir bei Eröffnung der Schule hatten. Die Rolle der Eltern in der Schule wird in der Satzung des Trägervereins der Schule behandelt. Offensichtlich haben wir uns Gedanken darüber gemacht, wenn auch in dem eher engen Zusammenhang der rechtlichen Rolle der Eltern im Trägerverein. Den Eltern eine Stimme zu geben, war zumindest für mich wichtig, nachdem ich A. S. Neills Buch *Summerhill* gelesen hatte. Damals in den 60er Jahren, als das Buch gerade erschienen war, löste es in der Szene in den USA großen Wirbel aus. Summerhill beeinflusste viele Leute und hatte zweifellos auch auf uns eine starke Wirkung. Eine Sache, auf die Neill immer wieder zurückkommt, ist seine Abneigung gegen Eltern. Für ihn sind Eltern „der Feind", eine Ansicht, zu der er aus seiner Sicht als Therapeut kam. Er war überzeugter Reichianer und ein ergebener Anhänger der Psychoanalyse. Er war fest davon überzeugt, dass Eltern die Ursache für den größten Teil der Probleme auf der Welt seien. Entsprechend dieser Ansicht organisierte er seine Schule so, dass sie den Eltern offen entgegenwirkte. Er wollte nicht, dass die Eltern irgendwas mit Summerhill zu tun haben. Nicht nur, dass sie kein Mitspracherecht hatten – das war das letzte auf Erden, das ihm in den Sinn gekommen wäre – er wollte auch nicht, dass sie auf irgend eine Art zugegen wären. Wenn man sein Kind an der Schule anmelden wollte und ihn anschrieb, ob man die Schule besichtigen kommen könne, war die Antwort üblicherweise: „Schicken Sie Ihr Kind her, aber bleiben Sie selbst zu Hause."

Wir fühlten, damals nur instinktiv, ohne tiefer darüber nachzudenken, dass wir das nicht so machen wollten. Teils weil die meisten Gründer selbst Eltern waren. Welche Rolle auch immer wir direkt in der Schule einnehmen würden, für uns stand fest: Wir wollten uns an der Gründung einer Schule beteiligen, mit der wir weiter verbunden bleiben konnten, in der wir nicht „der Feind" waren. Das führte im allerersten Entwurf der Satzung zur Idee einer Jahresversammlung, einer Idee, die ihre einstige Bedeutung bis heute behalten hat. Die Jahresversammlung („School Assembly") sollte das Gremium sein, in dem über die grundsätzliche Ausrichtung der Schule entschieden wird, und ihr sollte jeder angehören, der an der Schule beteiligt ist: Mitarbeiter, Mitglieder des Beirats, Unterstützer, und außerdem auch *die Eltern*. Das war eine wichtige Sache. Das bedeutete, Eltern hatten nicht nur „Einfluss", sondern wirklich eine Stimme, die genauso viel zählte, wie die jedes anderen. Für uns war das ein großer Schritt.

Wir hatten damit aber noch keine rechte Vorstellung davon, wie die Rolle der Eltern in der Schule aussehen sollte. Die Wahlstimme ist schließlich nur ein kleiner Teil dieser Rolle. Wir schlugen uns während der ersten paar Jahre mit dieser Frage herum, aber sie stand nicht im Mittelpunkt. Nur wenige interessierten sich dafür. Nach etwa 15 Jahren trafen wir dann auf ein Problem. Es gab ein paar Eltern, die aus irgend einem Grund anfingen, in der Schule rumzuhängen. Einige Schüler fühlten sich damit nicht wohl. Niemand tat etwas Böswilliges. Man konnte an einem beliebigen Tag eine Mutter arglos im Nähraum sitzen und lesen sehen; und jeder im Nähraum fühlte sich seltsam, weil dort eine Mutter saß. Sie tat nichts Schlimmes, mischte sich nicht ein, kritisierte nichts. Sie war einfach nur da, und das reichte aus, damit die anderen sich nicht wohlfühlten.

So wurde klar, die Kinder wollen nicht, dass die Eltern in der Schule rumhängen. Aber das betraf nicht nur Eltern. Die Schüler wollten *überhaupt keine* Erwachsenen regelmäßig an der Schule haben, es sei denn, die Schulversammlung hatte sie eingeladen. Daher begannen wir, darüber nachzudenken, was die Rolle der Eltern in der Gemeinschaft sein soll. Wir hatten den Eltern eine zentrale Rolle in der Jahresversammlung gegeben. Wir hatten von Anfang an klar gesagt, es ist in Ordnung, wenn Eltern, die ihre Kinder zur Schule bringen, auf einen Sprung mit hereinkommen - dass sie vom Parkplatz zum Schulgebäude gehen und ein bisschen mit den Kindern, den Mitarbeitern oder anderen Eltern reden, bevor sie wieder gehen. Was wollte die Schulgemeinschaft sonst noch von den Eltern, oder die Eltern von der Schulgemeinschaft? Wir stellten fest, dass wir darüber noch viel mehr nachdenken mussten.

Je mehr wir über die Frage nachdachten, desto klarer wurde uns, dass die Frage eigentlich in erster Linie die Rolle der Eltern im *Leben* betraf. Nicht nur ihre Rolle in der Schule. Wir merkten: Um zu verstehen, was die Eltern an der Schule tun sollten, mussten wir ein viel klareres Bild davon haben, was Eltern in der Familie tun sollten. Wenn wir ihre Rolle im Leben nicht verstehen, werden wir auch ihre Rolle in der Schule nicht wirklich verstehen.[1]

Wenn man darüber nachdenkt, stellt man schnell fest, dass die Rolle der Eltern problematisch, sogar paradox, ist. In biologischer Hinsicht haben die Eltern die natürliche Aufgabe, die Kinder zu pflegen und den Übergang des Kindes von der Abhängigkeit zur Unabhängigkeit zu gestalten. Das Endziel ist die Unabhängigkeit des Kindes. Die Menschheit würde nicht überleben, wenn die jeweils neue Generation es nicht hinbekäme, von der alten unabhängig zu wer-

---

1 Das ist ein Beispiel für ein Prinzip, das mir ein guter Freund vor vielen Jahren in der Hochschule während meines Aufbaustudiums erklärte. Er sagte immer: „Wenn du ein Problem hast, das du selber nicht lösen kannst, eines, das wirklich schwer ist, wende dich einem größeren Problem zu, von dem dein Problem eine Teilmenge ist. In vielen Fällen ist die Lösung des größeren Problems einfacher als die des Problems, auf das du dich am Anfang konzentriert hast; und dann löst sich das ursprüngliche Problem von selbst."

den. Man wird geboren, man hat Mutter und Vater, aber im Grunde ist das Endziel, sie zu verlassen.

Jetzt tauchen das Problem und das Paradox auf, denn der Weg, dieses Ziel zu erreichen, beginnt mit einer Phase der Abhängigkeit. Das ist unvermeidbar, denn das Kind ist zum Zeitpunkt der Geburt völlig abhängig und bleibt es auch danach für viele Jahre in erheblichem Maße. Von Anfang an stecken wir Eltern in dieser schwierigen und paradoxen Situation - in der es unsere Aufgabe ist, unsere abhängigen Kinder in Richtung Unabhängigkeit zu bringen. Das Endziel ist die Unabhängigkeit; der Weg aber beinhaltet Abhängigkeit. Das sind zwei gegensätzliche Konzepte, die in einer Eltern-Kind-Beziehung von Anfang an nebeneinander bestehen. Da weiß man schon am Anfang, dass man in Schwierigkeiten steckt und das Konzept der Elternschaft keine klare Antwort auf die Fragen hat, denn jedes Konzept, das auf einem Paradox beruht, kann nur zu widersprüchlichen, zwiespältigen Antworten und schwierigen Ermessensfragen führen.

Ich kann nicht genug betonen, wie entscheidend diese anfängliche Abhängigkeit für die Beziehung ist. Sie hinterlässt dauerhafte Spuren in der Beziehung zwischen Kind und Eltern. In den frühen Tagen im Leben eines Kindes hängt sein nacktes Überleben davon ab, die feinen Zeichen der Eltern deuten zu lernen, mit denen diese Zustimmung oder Missbilligung ausdrücken. So einfach ist das. Kinder müssen - praktisch vom Moment der Geburt an - herausfinden, wie sie in diesem Abhängigkeitsverhältnis ihre Bedürfnisse durch ihre Eltern befriedigen lassen können. Ich meine hier natürlich nicht, es mit Worten und logischen Formulierungen herauszufinden. Sondern es im Alltag herauszufinden, es zu *spüren*. Niemand auf der Welt reagiert auf die Gefühle anderer überempfindlicher als ein Kind auf die seiner Eltern. Unsere Kinder können wie niemand sonst in uns lesen - besser als unser Ehepartner, besser als unsere besten Freunde. Sie durchschauen uns auf eine Art, die wir nicht mal ansatzweise erfassen, und sie reagieren emotional, auf der existenziellen Ebene, auf die feinste Regung unserer Gefühlsäußerungen. Nicht nur auf jene, die wir ihnen gegenüber zeigen, sondern auch auf jene, die wir gegenüber anderen zeigen. Kinder würden einfach nicht überleben, wenn sie diese angeborene Fertigkeit nicht hätten.

Tatsache ist, dass weder die Eltern noch das Kind diese frühe Abhängigkeit ausradieren oder vergessen können. Sie bleibt in Eltern wie Kindern das ganze Leben lang erhalten. Sie färbt die Beziehung auf immer, selbst wenn wir erwachsen sind. Die Wünsche und Ansichten unserer Eltern haben, egal in welche Richtung sie gehen, immer ein anderes Gewicht für uns als die Wünsche und Ansichten eines jeden anderen Erwachsenen. Ich weiß, wie ich mich in der Gegenwart meines Vaters fühlte, der mit 91 Jahren starb. Da stand ich, Ende 50, und war noch immer sein „Kind". Keine Chance, dass ich irgendwas anderes sein könnte. Es macht keinen Unterschied, ob wir Familie haben, ein erfolgreiches Leben - in Gegenwart unserer Eltern ist diese Überempfindlichkeit immer noch da, egal wie sehr wir uns für von ihnen unabhängig erklärt haben, egal wie nah oder wie fern wir ihnen sind, sie lieben oder sie hassen.

Es gibt noch ein zusätzliches Problem: Auch wenn das Endziel dieser Beziehung die Unabhängigkeit des Kindes ist, so gibt es doch auf beiden Seiten dieser Beziehung einen Rest Sehnsucht, die Abhängigkeit beizubehalten. Die Eltern sehnen sich danach, sie noch ein bisschen auszudehnen, denn ein unabhängiges Kind bedeutet ein Gefühl von Verlust, Weggang, Traurigkeit. Ich meine keinen absichtlichen Wunsch, ein Kind abhängig zu halten, sondern ein von innen kommendes Gefühl. „Ich möchte, dass sie unabhängig sind, aber ich weiß, wenn sie fort sind, werde ich sie vermissen." Nur eine leichte Sehnsucht nach Abhängigkeit, und sie stört unser Verhalten unseren Kindern gegenüber. Im Kind gibt es diese Restsehnsucht auch, denn es ist schön, umsorgt zu werden: „Sicher will ich unabhängig sein. Ich will hinaus in die Welt. Ich will mir meinen Lebensunterhalt verdienen. Ich will meine eigene Wohnung. Ich will ein eigenes Auto." Sie sagen das ohne großes Zögern, aber sie haben nichts dagegen, wenn man ihre Wäsche wäscht, ihnen ein gutes Essen zubereitet oder sich für sie um tausend kleine Dinge kümmert. Es ist schön, umsorgt zu werden. Es ist diese kleine Restsehnsucht nach Abhängigkeit, die in uns allen zurückbleibt, wenn wir erwachsen werden.

Das kann wirklich gefährlich sein, denn wenn diese Sehnsucht nach Abhängigkeit nicht durch die Eltern gestillt wird, kann sie sich in ungesunder Weise auf ein Unternehmen, eine Sekte, eine Gemeinschaft oder etwas anderes übertragen, wo man dieses Gefühl nie ablegt und ein abhängiger Erwachsener wird.

Zusammenfassend lässt sich sagen: Entwickelt ein Kind Unabhängigkeit, muss es nicht nur mit den allgegenwärtigen Problemen der Abhängigkeit kämpfen, sondern auch mit seinem Widerwillen und dem der Eltern, die Abhängigkeit aufzugeben. Trotz alledem ist es die Rolle der Eltern, unseren Kindern den Weg zur Unabhängigkeit zu ebnen. Leider bedeutet das, dass es Gelegenheiten gibt, bei denen wir uns einmischen müssen. Einmischung ist nötig, denn *den Weg zu ebnen,* heißt, etwas zu tun. Einem Kind zu helfen, unabhängig zu werden, dazu reicht nicht, es sich hinsetzen zu lassen und ihm zu sagen: „Du bist unabhängig." Sondern man muss eine ganze Reihe von Dingen tun, die es einem Kind ermöglichen, nach seiner eigenen Vorstellung aufzuwachsen. Daher mischen wir uns ständig in das Leben des Kindes ein, auch wenn wir das Kind auf die Unabhängigkeit vorbereiten. Und das ist ein wesentlicher Bestandteil des Widerspruchs, über den ich sprach.

Es gibt, grob gesagt, zwei Arten der Einmischung. Die erste ist die Einmischung in große Entscheidungen. Sie ist völlig unausweichlich; es geht um die Entscheidungen im Leben, denen eine Familie als Ganzes ihr Überleben verdankt. Beispielsweise: „Wo werden wir leben? Wie werde ich meinen Lebensunterhalt verdienen?" Das sind Entscheidungen, die mit Blick auf die allgemeinen Überlebensbedürfnisse der Familie getroffen werden, und sie haben offensichtlich eine große Auswirkung auf die Kinder. Wenn ich in einer Stadt aufwachse, aber in eine andere Stadt ziehen muss, um meine Kinder weiterhin ernähren zu können, heißt das, ich muss meine Kinder aus ihrem Freundeskreis herausreißen, aus ihrem Umfeld, ihrem Zuhause, in dem sie sich wohlfühlten. Das hat schwerwiegende Folgen für ein Kind. Als Erwachsene wissen wir, warum wir diese Entscheidungen treffen, und es mag auch für uns hart sein, unsere Freunde zu verlassen, unsere Gemeinschaft, was auch immer. Aber wir wissen, warum wir es tun. Egal, wie sehr man es den Kindern erklärt, egal, wie alt sie sind, für sie ist das eine schwerwiegende Einmischung, die tiefgreifenden Einfluss auf ihr Leben hat und bei der sie wirklich nicht den Eindruck haben, dass sie notwendig ist. „Den Lebensunterhalt zu verdienen" ist etwas, das man den Kindern nicht auf einer emotionalen Ebene erklären kann, denn Kinder sind nicht dafür verantwortlich, sich selbst zu ernähren. Sie sehen es als selbstverständlich an, dass ihre Eltern sie ernähren. „Warum müssen wir umziehen? Ich verstehe, dass wir essen müssen – es ist eure *Aufgabe,* mich zu ernähren. Aber warum müssen wir *umziehen?*" Es passt nach ihrem Gefühl nicht zusammen.

Bei großen Einmischungen geht es um Entscheidungen, die *unausweichlich* sind. Wir hoffen, dass die Kinder sie irgendwie überstehen; meist kommt es ja auch so. Wir können wirklich nicht sonderlich viel mit Erklärungen helfen. Im Grunde genommen ist es ein Fall von „So ist es eben. Wir werden dort leben. Es tut mir leid, dass das wehtut. Ich bin sicher, du findest neue Freunde. Ich bin sicher, du wirst neue Leute treffen."

Aber der Weg zur Unabhängigkeit wird erleichtert, wenn man die Einmischung in *kleinere* Entscheidungen gering hält. Mit denen schlagen wir uns alle am meisten herum: vor allem mit der Unterscheidung zwischen großen Entscheidungen und kleineren, die wir freigeben können. Selbst wenn wir das herausgefunden haben, haben wir Mühe loszulassen. Es lässt sich kaum übertreiben, wie schwierig das ist. Zum Beispiel bei der Kleidung, ein klassisches Beispiel. Um unseren Kindern ihren Weg in die Unabhängigkeit zu ebnen, müssen wir uns wirklich nicht in die Kleidungsfragen unserer Kinder einmischen. Solange sie genug anhaben, um sich wohlzufühlen, so dass *ihnen* nicht kalt und unwohl ist, müssen wir uns damit abfinden, dass es in Ordnung ist. Das ist die Realität. Niemand von uns, wage ich zu sagen, kann diesem Anspruch voll gerecht werden. Wir denken immer, wir könnten besser als unsere Kinder beurteilen, wann ihnen kalt ist. Manchmal, wenn wir uns mit diesen kleineren

Entscheidungen beschäftigen, machen wir sie in unseren Köpfen zu einer großen Entscheidung – denn wir ringen damit –, um unsere Einmischung zu rechtfertigen. Wir sagen: „Sie erkälten sich. Sie bekommen eine Lungenentzündung. Sie werden krank." Wir machen daraus eine Frage des Überlebens. Wobei alle verfügbaren Beweise darauf hindeuten, dass Kinder, die bei Bekleidungsfragen ihrem eigenen Instinkt folgen dürfen, nicht öfter und schwerer krank werden als Kinder, die das nicht dürfen. Aber der Beweis hat nichts mit dem zu tun, was wir fühlen.

Ernährung ist ein weiteres Beispiel. Ernährung ist ein solches Schreckgespenst. Wir sind uns so sicher, dass unsere Kinder nicht überleben, wenn wir sie nicht dazu bringen, das „Richtige" zu essen. Vor 30 Jahren hatten wir jemanden in der Schule, der praktisch nichts aß außer Pop-Tarts [mit einer Zuckermasse gefüllte Gebäcktaschen für den Toaster, Anm. d. Übers.]. Tag für Tag, Jahr für Jahr. Aus biologischer Sicht ist unmöglich zu verstehen, was hier vor sich ging, aber das Kind wuchs. Das Lustigste daran war, dass dieses Kind niemals krank war, während unsere Kinder den ganzen Winter lang krank waren, mit Grippe, Erkältung und so weiter. Ich weiß nicht, was das beweist. Von einigen der schwersten Fälle eindeutiger Essstörungen abgesehen – welche ich nicht herunterspielen will – ist es wohl ein Fall einer „kleineren Entscheidung", welche Nahrung ein Kind zu sich nimmt. Ob wir in der Familie ein gemeinsames Abendessen haben, ist eine Entscheidung der Eltern, keine unbedingt überlebenswichtige, keine, die Kinder jeden Alters interessiert. Ist diese Entscheidung groß genug, dass sie rechtfertigt, uns einzumischen, um unseren Kindern den Weg zur Unabhängigkeit zu ebnen? Oder ist sie eine kleinere Entscheidung, die wir freigeben und bei der wir sagen können: „Das ist Teil ihres Unabhängigwerdens. Lass sie machen."

Die Liste ließe sich beliebig fortsetzen. Das sind die Fragen, mit denen wir uns auseinandersetzen, aber wenn wir dabei unserer Rolle als Eltern gerecht werden wollen, müssen wir uns ständig fragen: „Ist Einmischung hier notwendig?" Denn jede Einmischung ist ein Schritt weg von Unabhängigkeit. Jeder von uns wird darauf eine andere Antwort haben. Ich wäre der Letzte, der über eure Antworten ein Urteil fällt, ebensowenig wie ich meine beurteilt haben möchte. Aber für uns alle sollte gleichermaßen gelten, dass wir *uns diese Frage stellen*. Denn hören wir auf, uns diese Frage zu stellen, beginnen wir, der uns als Eltern zugeteilten Rolle - den Kindern den Übergang zur Unabhängigkeit zu erleichtern - zu schaden.

Diese Einmischung unterscheidet die Rolle der Eltern in funktionaler Hinsicht von allen anderen. Niemand sonst in unserer Gesellschaft hat das Recht einzugreifen. Als Eltern haben wir dieses Recht. Andererseits haben wir in unserer sehr individualistischen Gesellschaft schon längst die Haltung entwickelt, uns in die Erziehungsmethoden der anderen nicht einzumischen. Wenn ich sehe, wie andere Eltern etwas tun, das nach meiner Auffassung ganz eindeutig eine schlechte Erziehungsmethode ist, muss ich es für mich behalten. Ich kann meiner Frau davon erzählen; wir können zu Hause, in der Privatheit unseres Schlafzimmers, unsere Köpfe darüber schütteln. Aber wenn ich diese Eltern in der Öffentlichkeit kritisiere, falle ich aus dem Rahmen. Dann übertrete ich gesellschaftliche Grenzen.

Ein weiterer großer Unterschied zwischen Eltern und allen anderen ist die Frage der bedingungslosen Liebe. Man findet das nirgendwo außer in der Familie. Ein Erwachsener kann jedem Kind schmeicheln, und er kann es vielleicht sogar so meinen. „Ich liebe dich. Ich empfinde, als wärst du mein Kind. Du liegst mir so am Herzen als wärst du ein Mitglied meiner Familie." Viele von uns haben das wirklich schon zu Kindern gesagt und auch so gemeint. Aber kein Kind lässt sich täuschen. Jedes Kind weiß, wenn man das sagt, meint man das bis zu einem bestimmten Punkt, und sie alle wissen für gewöhnlich ganz genau, wo dieser Punkt ist.

Wir sind fast soweit, eine Antwort auf die engere Frage zu geben, worin die Rolle der Eltern an unserer Schule besteht. Wir müssen aber zuvor eine weitere Frage beantworten: Was ist die Rolle der *Schule*? Interessanterweise ähnelt sie der Rolle der Eltern. In der Gesellschaft soll die Schule üblicherweise eine Umgebung schaffen, in der die Kinder sich auf das Leben als Erwachsene vorbereiten können. Mit anderen Worten, die Schule ist eine Gemeinschaftseinrichtung, gegründet, um Kindern bei der Vorbereitung auf ein Leben als unabhängiges Mitglied der Gesellschaft zu helfen. Das bedeutet, eine Schule muss ein Ort sein, an dem Kinder alle Fertigkeiten entwickeln können, die sie brauchen, um sich in die Erwachsenengesellschaft einzugliedern - kognitive und technische Fertigkeiten, um ökonomisch unabhängig zu werden, und soziale Fertigkeiten, um an der Erwachsenengesellschaft teilzuhaben.

An Sudbury Valley sind wir zu dem Schluss gekommen, den Kindern von Anfang an geeignete, praktische Erfahrung im Unabhängigsein zu geben. Nicht ein Paket von Fertigkeiten, die ihnen vielleicht (aber nicht mit Sicherheit) helfen, später einmal unabhängig zu werden, sondern praktische Fertigkeiten darin, jetzt unabhängig zu sein. Die Idee dahinter ist, dass sie mit zunehmendem Alter immer besser darin werden, weil es das ist, was sie tun wollen. Wir geben ihnen auch die Möglichkeit, in der Wirklichkeit Beziehungen zu gestalten. Wir lassen sie vom jüngsten Alter an herausfinden und erfahren, wie man mit anderen Kindern und mit Erwachsenen zurechtkommt. Wir führen sie nicht, stecken sie nicht in Gruppen und geben ihnen auch keine „Hilfestellungen", die an anderen Schulen üblich sind. Wir sagen: „Das musst du selbst tun und praktische Erfahrung sammeln."

Diesen Auftrag nehmen wir sehr ernst. Für Eltern kann das sehr hart sein. Eltern stehen für bedingungslose Liebe. Es ist schmerzhaft für Eltern, wenn die Kinder nach Hause kommen und über all die Frustrationen reden, die sie während des Tages erfahren haben: „Der war gemein zu mir. Und der wollte nicht mit mir spielen. Ich habe keine Freunde." Für die Schule ist das ein wesentlicher Bestandteil, so ist die Welt. Erwachsene müssen hart daran arbeiten, Freunde zu finden. Erwachsene müssen lernen, wie man mit der Tatsache umgeht, dass es da draußen Feinde gibt, die uns Böses wünschen. Erwachsene müssen herausfinden, wer ihre Freunde sind und wer ihnen Böses wünscht, und wie man mit beiden klar kommt. Sudbury Valley sagt immer: „Gib Kindern vom ersten Tag an geeignete praktische Erfahrung mit dieser harten Arbeit. Das ist die beste, schnellste, einfachste und nachhaltigste Art zu lernen."

Kinder auf die Unabhängigkeit in der Gesellschaft vorzubereiten, bedeutet für uns auch, Kindern praktische Erfahrung mit Demokratie zu geben - an einem Ort zu leben, wo die Entscheidungen von der Gemeinschaft getroffen werden. Erwachsene müssen mit Entscheidungen leben, die sie nicht mögen, jeden Tag, und sie müssen begreifen, dass zur Schönheit des Lebens in einer demokratischen Gemeinschaft auch gehört, die Enttäuschung herunterzuschlucken, wenn man seinen Willen nicht durchsetzen kann.

Jetzt sind wir soweit, zu verstehen, warum Eltern im Allgemeinen nicht regulär im Schulalltag vorkommen. Das liegt nicht daran, dass Eltern böse wären, im Gegenteil. Es liegt vielmehr daran, dass Eltern in ihrer Rolle als Eltern angeborene Aufgaben in der Kindererziehung haben, die sich von den Aufgaben unterscheiden, die unsere Schule sich gegeben hat. Die Rolle der Eltern gerät tendenziell mit der Rolle der Schule in Konflikt: in erster Linie individuelle Unabhängigkeit und demokratische Entscheidungsfindung im Alltag praktisch erfahrbar zu machen, sich auf die eigene Art soziale Beziehungen zu erarbeiten.

Was folgt daraus für Eltern, die zugleich Mitarbeiter in der Schule sind? Das Problem war vom ersten Tag an teuflisch. Ich gehörte dazu, und auch viele andere der Gründer, und auch heutzutage sind einige der Mitarbeiter Eltern. Jeder von ihnen wird dir das Gleiche sagen: Ein Mitarbeiter-Elternteil zu sein, ist nicht leicht für die Väter und Mütter, und es ist oft auch kein Spaß für die Kinder. Hätte es in einer anderen einigermaßen erreichbaren Stadt eine zweite Sudbury-Schule gegeben, hätten wir unsere Kinder mit Freuden dorthin geschickt. Es erfordert ein hohes Maß an Zurückhaltung und Disziplin, damit beide an unserer Schule neben einander bestehen können. Und es gibt immer wieder Probleme.

Ich gebe Euch ein einfaches Beispiel, in dem sich alle Eltern wiederfinden: Zurückhaltung in Angelegenheiten des Justizkomitees. In einem Jahr hielt unser ältestes Kind den Rekord, häufiger angezeigt worden zu sein als jeder andere. Er war von Natur aus störend laut. Er war die Personifizierung des Ausdrucks „störend laut", und er wurde ständig angezeigt. Als Eltern mussten wir uns völlig klar darüber sein, dass der Justizprozess seinen Lauf nehmen muss, und dass wir nichts damit zu haben können. Es kam nicht in Frage, mit jemandem vom Justizkomitee zu sprechen oder uns auf eine andere Weise einzumischen. In der Schule hatten wir unserem Kind gegenüber die Einstellung zu haben: „Wie man sich bettet, so liegt man. Das Justizkomitee muss sich damit befassen. Das ist seine Aufgabe." Für liebende Eltern erfordert das sehr viel Selbstdisziplin. Einigen Mitarbeitern fiel das nie ganz leicht. Für andere war es leichter. Aber es war immer eine Herausforderung.

Aus der Sicht des Kindes ist das auch kein Spaß. Sie können den Eltern-Mitarbeitern aus dem Weg gehen. Das ist nicht so schwer. Auch wenn es eine kleine Schule ist, ist es erstaunlich, wie leicht es Leuten gelingt, außerhalb der Sichtweite von jemandem zu bleiben, den sie nicht in ihrer Nähe haben wollen. Ich kann ehrlich sagen, dass in all den Jahren, die unsere drei Kinder an der Schule waren, ich sie im Laufe des Tages nicht sehr oft gesehen habe. Ich bilde mir ein, sie legten es mehr darauf an als ich. Ich habe sie nicht bewusst gemieden, aber ich würde wetten, sie haben mich bewusst gemieden, und das hätte ja auch einen Sinn. Sie konnten der Tatsache nicht ausweichen, dass ihr Vater ein Mitarbeiter war. Sie mussten die unvermeidlichen, unangenehmen Dinge hören, die über jeden an der Schule gesagt werden, über Kinder wie über Erwachsene, zu bestimmten Zeiten aber ganz sicher über Mitarbeiter, besonders wenn „dieser Arsch mich zum fünften Mal anzeigt hat" und „dieser Arsch" zufällig dein Vater ist. Das ist hart.

Dennoch scheint es, dass man eine Schule wirklich nicht eröffnen kann - und wohl auch nicht auf Dauer betreiben -, wenn nicht ein bestimmter Teil der Mitarbeiter sich der Schule gegenüber so völlig verpflichtet fühlt, weil ihre Kinder auf diese Schule gehen, und deshalb Himmel und Hölle in Bewegung setzen, dass es mit der Schule weitergeht. Es hat zwar seine Unannehmlichkeiten, aber auf dieser Entwicklungsstufe der Sudbury-Schulen ist es wohl unumgänglich, dass wenigstens einige der Mitarbeiter sich so für das Überleben der Schule einsetzen, wie Eltern das zu tun pflegen. Der Schutz der Schulgemeinschaft besteht darin, dass die Mitarbeiter gewählt werden, ohne Beschäftigungsgarantie, jedes Jahr aufs Neue. Und im Laufe der Jahre wurde mehr als ein Eltern-Mitarbeiter abgewählt, während seine Kinder immer noch in der Schule waren. Wie man sieht: Ein rundum schwieriges Problem.

Schweifen wir kurz ab, um mein Argument mit einem anderen Beispiel zu verdeutlichen. Man hört zur Zeit viel über Homeschooling. Es gib eine Untergruppe der Homeschooler, die sich selbst „Unschooler“ nennen. Ein großer Teil von ihnen behauptet, ihre Kinder fast so wie an Sudbury Valley zu bilden. Sie sagen das ganz aufrichtig und meinen es wirklich ehrlich: „Wir glauben daran, unseren Kindern die Freiheit zu geben, zu tun, was immer sie tun möchten, und uns nicht in ihre Beschäftigungen einzumischen. Wenn sie den ganzen Tag spielen wollen, können sie den ganzen Tag spielen. Was immer sie tun wollen, ist für uns in Ordnung. Wir sind nur da, um sie bei ihren Wünschen zu unterstützen.“ Oft schreiben sie uns und sagen: „Wir sind genau wie Sudbury Valley.“

Die Vielschichtigkeit der Eltern-Rolle ist jedoch der grundlegende Unterschied zwischen uns und jeder Form von Unschooling. Man redet von allen möglichen Problemen mit Unschooling, und es gibt hitzige Debatten darüber. Zum Beispiel gibt es die Frage, ob Unschooling den Kindern ermöglicht, ihren Weg in die Gesellschaft zu finden, wenn die Kinder die meiste Zeit zu Hause verbringen. Sicher, es gibt Fälle, in denen die Eltern von Unschoolern sich gegenseitig einige Male die Woche besuchen, um für gesellschaftliches Miteinander zu sorgen. Ebenso fehlt beim Unschooling eine demokratische Umgebung. Unschooling kann keine praktisch erfahrbare demokratische Umgebung bieten, denn die Eltern sind die ganze Zeit über da. Und *sie* treffen täglich all die nötigen Schlüsselentscheidungen.

Ein weiteres Problem: Eltern neigen dazu, ihre Kinder zu beschützen – egal wie sehr sie das auch leugnen. Beim Unschooling fehlt die Auseinandersetzung mit den Grenzen der realen Welt. Wenn Kinder ab dem Alter von vier Jahren an unserer Schule großwerden, ist es schön, zu verfolgen, wie sie lernen, das System zur Erfüllung der eigenen Bedürfnisse zu nutzen, die Machtspielchen zu durchschauen, und die Beziehungen in der Schule zu verstehen. Es ist beeindruckend und erstaunlich, wie ein 5- oder 10-jähriger das angeht: „Ich will, dass die Schule das und das anschafft; wie mache ich das?“ Er sucht sich jemandem und stellt ihm Fragen über die Schulversammlung. „Was muss ich tun? Wie schreibe ich einen Antrag? Hilfst Du mir?“ Nur wenig ist bewegender, als in einer Schulversammlung zu sitzen und drei oder vier 7-jährige zu sehen, die mucksmäuschenstill in einer zweistündigen Versammlung sitzen, bis über ihr Anliegen diskutiert wird. Sie mögen die lebhaftesten Kinder an der Schule sein, aber sie sitzen dort still und warten, dass ihr Tagesordnungspunkt aufgerufen wird. Sie wissen, dass sie sich melden müssen und dass sie ihr Anliegen erklären und Fragen dazu beantworten müssen. Diese Art des Lernens - wie man Zwänge der realen Welt bewältigt, ein wesentlicher Bestandteil des Erwachsenseins - bekommt man beim Unschooling nicht, denn da verhandelt man mit seinen Eltern, nicht mit einer umfassenderen, weniger persönlichen Gemeinschaft.

Ich denke jedoch, der wesentlichste Unterschied zwischen Sudbury Valley und Unschooling - deshalb habe ich den Punkt angebracht -, ist die bereits angesprochene Überempfindlichkeit. Der Punkt ist der: In der Gegenwart der Eltern ist man unvermeidlich überempfindlich gegenüber ihren Reaktionen. Eltern deuten auf vielerlei Arten unterschwellig an, worüber sie sich wirklich freuen würden, selbst wenn sie sagen - und glauben - es würde sie nicht kümmern, was ihr Kind tut. Wenn sie etwa sagen: „Ich möchte nur, dass du glücklich bist und tust, was du möchtest.“ Und das 7-jährige Kind antwortet: „Okay, ich möchte ein Schlagzeug.“ Da gibt es vielleicht nur diesen kleinen Augenblick Unschlüssigkeit bei den Eltern, diesen Schimmer von Ablehnung - und die Illusion der freien Wahl ist zerstört. Elterliche Kontrolle lässt sich nicht preisgeben. Man kann sie nicht wegwünschen. Man kann sie nicht freiwillig aufgeben.

Fassen wir zusammen: Die Rolle der Eltern in der Schule beruht auf ihrer Rolle im Leben. Eltern sind vor allem an den großen Entscheidungen beteiligt, die mit der Schule zu tun haben, genauso wie im sonstigen Leben. Es ist Teil ihrer unvermeidlichen Rolle, über die wir zuvor sprachen. Beispielsweise treffen sie die große Entscheidung, das Kind überhaupt erst an diese Schule zu schicken. Egal wie sehr wir sagen, dass es auf die Entscheidung des Kindes ankommt – und normalerweise ist es bis zu einem gewissen Grad tatsächlich die Entscheidung des Kindes – in Wirklichkeit ist es eine Entscheidung der Eltern. Die Eltern müssen Wege finden, das Geld aufzubringen. Die Eltern sind diejenigen, die zeigen müssen, dass sie wirklich hinter dieser Entscheidung stehen und sie wollen. Damit diese Entscheidung einen Sinn hat, müssen die Eltern die Schule wirklich unterstützen, und auch den Gedanken, dass ihr Kind auf diese Schule geht. Denn es hat keinen Sinn, diese Entscheidung zu treffen und dann nicht dahinterzustehen. Wir stehen hinter jeder anderen großen Entscheidung, die wir für unsere Kinder treffen. Warum sollten wir hinter dieser nicht stehen? Diese Haltung der Eltern ist an dieser Schule unverzichtbar. Und gleichzeitig ist das so schwer, denn die Entscheidung für diese Schule ist völlig anders als andere große Entscheidungen, die wir treffen. *Denn für jede Mutter, jeden Vater stellt sie auch eine große Entscheidung dar, dem Kind zu ermöglichen, etwas zu erleben, das wir als Kinder nicht erlebt haben und das unserer eigenen Erfahrung fremd ist.* Das macht diese Entscheidung so schwierig und groß.

Wenn wir unserer Rolle als Eltern gerecht werden wollen, müssen wir zu hundert Prozent hinter dieser großen Entscheidung stehen. Wir haben sie getroffen, jetzt müssen wir dahinterstehen. Tun wir das nicht, brauchen wir uns später nicht zu wundern, wenn die Kinder verwirrt sind und nicht wissen, wo wir stehen, und sie keinen Nutzen von der Schule haben. Diese Art elterlicher Unentschiedenheit spüren die Kinder sofort. Und: Hinter der Entscheidung zu stehen, bedeutet vor allem, hinter den Entscheidungen zu stehen, die unsere Kinder hier treffen, ich kann das nicht genug betonen. Wer sich dazu außer Stande sieht, sollte sie nicht hierher schicken. Das ist hart, denn es bedeutet, sogar dann nicht die Stirn zu runzeln, wenn wir hören, dass die Kinder den ganzen Tag gespielt oder den ganzen Tag geredet haben oder sie ihre Schuhe im Schnee nicht angezogen haben oder was auch immer. Kein Stirnrunzeln. Kein „Das klingt sehr schön“, mit einem kleinen Hauch von Anspannung in der Stimme. Es ist schwer, aber so muss sein, wer hinter dieser großen Entscheidung steht.

Die andere Mitwirkung der Eltern in den großen Entscheidungen ist bei der Jahresversammlung. In diesem Zusammenhang hat die Jahresversammlung Sinn. Es hat für die Eltern Sinn, einige Male im Jahr in die großen Entscheidungen einbezogen zu werden. Die Eltern entscheiden mit über Budget und Schulgeld, und über viele andere weitreichende Fragen, die mit Kultur und Entwicklung der Schule zu tun haben. In einem weitergefassten Rahmen ist die Mitbestimmung der Eltern in der Jahresversammlung wirklich sinnvoll.

Also, das ist es nun, was wir während der vergangenen 30 Jahre gelernt haben. Ich schätze, 1968 hatten wir Glück, den richtigen Platz für die Eltern in der Schule zu finden. Die Jahresversammlung hat sich als sinnvoll erwiesen - die Idee, die Eltern an den großen Entscheidungen teilhaben zu lassen, aber nicht an den unzähligen täglichen Entscheidungen. Die Eltern sind Mitglieder der Jahresversammlung, nicht der Schulversammlung. Sie haben Einfluss auf die weitreichenderen Entscheidungen der Schule, aber sie schauen ihren Kindern nicht ständig über die Schulter - eine perfekte Übereinstimmung zwischen einer Schule, die Kindern praktische Erfahrung in Unabhängigkeit bietet, und Eltern, deren Rolle es ist, Kindern den Weg in die Unabhängigkeit zu erleichtern.

Die Bedeutung demokratischer Strukturen

Selbstwertgefühl, Selbstverwaltung und eigener Antrieb

Es mag einem merkwürdig vorkommen, wenn hier über die Bedeutung von Demokratie an einer Schule wie der unseren gesprochen wird, an der sie doch seit dem ersten Tag fest verankert ist.

Interessant ist, wie sich im Laufe von 30 Jahren unser Verständnis dafür geändert hat, welche Bedeutung diese Strukturen haben.

In unserer ersten Broschüre zur Ankündigung der Schulgründung erwähnten wir Demokratie gar nicht.[1] Sie erschien 1965 und hieß „A Radical Proposal". Wir schrieben damals: „Der Grundsatz der Schule ist, jedes Mitglied ganz seinen eigenen Interessen nachgehen zu lassen, wohin auch immer diese führen mögen." Natürlich ist das noch immer ein Grundsatz der Schule, aber ohne Bezug, zumindest ohne offensichtlichen, zur Demokratie. Der erste Flyer, den wir verteilten, erwähnt Demokratie nur am Rande: „Alle an der Schule sind gemeinsam für den Betrieb der Schule verantwortlich." Eine deutliche Aussage, die aber das „D-Wort" nicht enthält. 1968 verfassten wir die erste Broschüre unserer Schule. Sie hieß *About the Sudbury Valley School*. Neben anderem zählen wir darin neun Hauptmerkmale der Schule auf, das achte ist Demokratie: „Jedes Mitglied der Schulgemeinschaft beteiligt sich daran, die Angelegenheiten der Schule zu regeln." Mehr nicht. Das ist die Grundaussage - einfach

1 Diese frühen Schriften sind alle im Buch *Announcing a New School* (Sudbury Valley School Press; Framingham, 1973) dokumentiert. Darin beschreiben wir ausführlich die Anfänge der Schule, viele dieser Dokumente sind dort im Anhang abgedruckt. Jetzt, nach über 30 Jahren, wirken sie recht altmodisch.

und direkt. Und wir schreiben dort weiter, dass wir alle neun Merkmale für untrennbar mit einander verflochten halten. Die Rolle der Demokratie dabei hoben wir nicht besonders hervor. Das war eine knappe, aber gute Aussage, und sie zeigt unsere damalige Auffassung. Wir wussten, wir hatten etwas Gutes, und meines Erachtens sahen wir damals keine Notwendigkeit, es zu verbessern.

Demokratische Strukturen verankerten wir von Anfang an in der Satzung des Trägervereins: Mit der Schulversammlung, die aus allen Schülern und Mitarbeitern besteht und die täglichen Angelegenheiten der Schule regelt, und der Jahresversammlung („School Assembly"), die aus Schülern, Mitarbeitern und Eltern besteht, und alle generellen Grundsatzentscheidungen der Schule trifft.

Warum bauten wir Demokratie in die Schulstruktur ein? Was bewirkte sie dort in den frühen Jahren? Was sollte sie dort bewirken?

Unsere Antwort war damals: In der Schule kann man sich auf das Leben in einer demokratischen Gesellschaft vorbereiten. Sudbury Valley war immer ein Ort der Praxis, ein Ort, wo die Kinder vor allem durch Erfahrung statt durch Reden lernen. Über Ethik etwa reden wir nicht, sondern moralische Entscheidungen sind Teil des Schulalltags. Wie zu allem anderen, ist unsere Einstellung dazu: Wissen und Weisheit auf einem Gebiet erlangt man durch Handeln auf diesem Gebiet.

Für uns war die Idee der Demokratie in der Schule ein gesellschaftspolitisches Ziel: Vorbereitung auf das Leben als künftiger Bürger. Wofür sonst wären Schulen da? Die Gesellschaftsordnung der USA ist eine demokratische. Wir fanden, gute Bürger für das Leben in einer Demokratie auszubilden, geht am besten durch unmittelbare Erfahrung. Nicht indem man über Demokratie redet und sie predigt, sondern indem sich die Kinder vom ersten Tag an mit ihr anfreunden.

Sehen wir, wie beständig dieser Teil unseres Demokratieverständnisses all die Jahre hindurch geblieben ist. In unserem ersten umfänglichen Buch, *The Crisis in American Education*[2], das sich in den

---

2 (Sudbury Valley School Press, Framingham, 1970)

frühen 70er Jahren wirklich gut verkaufte und heute immer noch nachgedruckt wird, schrieben wir: „Die ethische, politische und gesellschaftliche Struktur der USA folgt drei Grundideen, sie leiten die gesamte Nation. Die erste ist die Idee der individuellen Rechte: Jeder ist mit bestimmten unveräußerlichen Rechten ausgestattet. Die zweite Grundidee ist die der politischen Demokratie. Alle die Gemeinschaft betreffenden Entscheidungen, trifft die Gemeinschaft auf politisch-demokratische Weise. Und die dritte ist Chancengleichheit. Jedem kommt die gleiche Chance zu, ein Ziel zu erreichen."

Und weiter: „Die Schulen müssten die hartnäckigsten und energischsten Verfechter dieser Grundideen sein. Was sonst wäre Ziel der Bildung, wenn nicht, die Jugend auf ein Leben als verantwortungsbewusste, mündige Bürger vorzubereiten?" Für uns erfordert dieses Ziel, ein Umfeld, in dem Demokratie praktisch erlebt werden kann.

Das schrieben wir 1970. 1993, auf der Tagung „The First International Conference on Education for Democracy in a Pluralistic Society", gab es eine Veranstaltung mit dem Titel „Bildung für Demokratie erfordert demokratische Schulen." Dort sagte ich:[3]

„Als Anhänger der Demokratie nehmen wir ... die Verantwortung auf uns, für ihr Fortbestehen zu sorgen. Was bedeutet das für Schulen, die sich vorgenommen haben, für die Demokratie auszubilden? ... Wollen wir darin erfolgreich sein, muss der Alltag der Schüler in jeder Hinsicht, durch und durch, bis in die kleinste Kleinigkeit demokratisch sein. Die Welt der Kinder, die wir erreichen wollen, muss eine gelebte Demokratie sein. Kinder, die diese Welt meistern wollen, haben dann keine andere Möglichkeit, als die ganze Komplexi-

3 Die Konferenz war in Jerusalem mit Teilnehmern aus der ganzen Welt. Eingeladen hatte man viele Akademiker, aber kaum Vertreter jener Schulen, die behaupten, Demokratie in der einen oder anderen Form zu praktizieren. Unsere war eigentlich die einzige Schule, die man um einen Veranstaltungsbeitrag bat, und wohl auch nur dank der Bemühungen von Yakov Hecht. Er war damals Direktor der Demokratischen Schule in Hadera (Israel), und auch ihn selbst hat niemand gebeten, einen Vortrag beizusteuern.

tät ihrer demokratischen Struktur zu meistern. Bildung für Demokratie erfordert demokratische Schulen. Es gibt keinen anderen Weg, der Aussicht auf Erfolg hätte."

Man sieht: Das Thema der Schuldemokratie gehörte als wesentlicher Bestandteil gesellschaftlicher Bildung schon all die Jahre hindurch zu unserer Schule.

Wir sprachen zwar darüber, dass Demokratie und die anderen Werte zusammenhängen, aber diese Beziehung stand für uns nicht im Mittelpunkt. So ganz erfasst, hatten wir das nicht. Letztes Jahr hatte ich ein Aha-Erlebnis, das für andere sicher nicht viel bedeutet, für mich aber die Teile zusammenfügte. Die Diskussionsgruppe der Jahresversammlung traf sich. Eltern, einige Schüler und Mitarbeiter saßen im Raum. Eine Mutter fragte Ben Day, einen Schüler: „Was ist für dich das Wichtigste an der Schule?" Sie wollte nicht wissen, was die Mitarbeiter für das Wichtigste hielten, sondern die Meinung der *Schüler* hören. Ohne Zögern antwortete Ben: „Demokratie", und dann sprach er kurz über Empowerment [Eigenständigkeit und Ermutigung bislang Machtloser, die eigenen Angelegenheiten selbst in die Hand zu nehmen, Anm. d. Übers.]. Das bedeutete Demokratie für ihn. Von einem Schüler war „Demokratie" die letzte Antwort, die ich auf diese Frage erwartet hätte. Ich erwartete „Freiheit", „tun, was man will" - aber nicht „Demokratie".

Ich begann, intensiver darüber nachzudenken. Er sprach von Demokratie als Empowerment; nicht von der Schulversammlung als gesellschaftspolitischem Verfahren, einer Methode, legislative Fragen zu entscheiden und die Gemeinschaft zu verwalten. Wovon er sprach, war etwas anderes, aber eng damit verbundenes. Das brachte mich auf die größere Frage: Welche Bedeutung hat Demokratie *in der Gesellschaft*? Um ihren Stellenwert in der Schule zu begreifen, müssen wir erst ihre Rolle in der Gesellschaft verstehen.

In der US-amerikanischen Demokratie liegt die Vorstellung des Empowerments allem zu Grunde. Man sieht das in der Unabhängigkeitserklärung und in der Bill of Rights - in der Idee, dass alle Menschen gleich geschaffen und von ihrem Schöpfer mit bestimmten unveräußerlichen Rechten ausgestattet sind, wie Leben, Freiheit und dem Streben nach Glück. In Amerika steht der Einzelne über der Gemeinschaft. Die Gemeinschaft ist dazu da, das Glück des Einzelnen zu fördern.

Was für ein unglaublicher Ansatz! Er unterscheidet sich völlig von der klassischen Idee der Demokratie im antiken Griechenland, wo sie ein bloßes politisches Verfahren war, wenn es darum ging, wie man Fragen in der Gesellschaft entscheidet. Es entschied kein König, kein Haufen Adliger, keine Oligarchie; sondern *alle* kommen zusammen und stimmen ab - und die Seite mit den meisten Stimmen gewinnt. Es ist nicht überraschend, dass die ernsthaftesten Philosophen im antiken Griechenland Demokratie für eine schreckliche Regierungsform hielten. Für sie lief es darauf hinaus, wer zum richtigen Zeitpunkt die meisten Stimmen mobilisiert, und sie fanden keinen Grund, warum das in irgend einer Weise besser sein sollte als ein König. Jemand wie Platon würde sehr ausführlich und sehr erfolgreich argumentieren, es sei tatsächlich schlimmer als ein König, denn einem König könne man beibringen, philosophisch über tiefgründige Fragen nachzudenken, wohingegen nicht viel von einem durchschnittlichen Haufen Menschen zu erwarten sei, der in einem großen Stadion zusammenkommt und abstimmt. Der werde sich wohl eher nach der neuesten Mode richten. In der griechischen Demokratieauffassung kommt der Einzelne nicht vor. Er ist nicht wichtig. Wichtig ist allein der Stadtstaat.

England hat bis heute keine geschriebene Verfassung oder einen Grundrechtekatalog. Wir haben englische Wurzeln, dennoch haben die Engländer keinen Grundrechtekatalog. In England gibt es bei bestimmten Themen sogar noch eine Pressezensur; die Regierung kann den Zeitungen sagen: „Das druckt ihr nicht." Und England ist noch immer eine Klassengesellschaft. Es hat immer noch sein House of Lords. Das Prinzip der Gerichtsverhandlung vor seinesgleichen bedeutet im Falle eines Lords, der einen Mord begangen hat, dass das House of Lords das Gericht ist. Er kommt nicht vor ein normales Gericht wie der Rest der Bevölkerung - er kommt vor das House of Lords. Ein ziemlicher Unterschied zu den USA.

Die Demokratie in den Vereinigten Staaten ist als Gesellschaftsordnung angelegt, die Perspektiven der Selbstverwirklichung schützen und stärken soll. Ich möchte drei Aspekte der Selbstverwirklichung nennen, die besonders gefördert werden. Erstens die Selbstbestimmung jedes Bürgers, also des Rechts, die Dinge selbst in die Hand zu nehmen. Dein Schicksals liegt in deinen Händen, du entscheidest, was du mit deinem Leben tust. Es stimmt, manchmal wird einem das vorenthalten. Wer eine Straftat begeht und im Gefängnis landet, ist nicht länger der Herr über seinen Lebensweg. Aber im allgemeinen hat jeder Bürger das eigene Schicksal in der Hand. Einer der interessanten Aspekte der Selbstbestimmung in diesem Land ist die unglaubliche Mobilität der Bürger. In einem Großteil der Welt konnte man lange Zeit als Bürger nicht reisen. Ich meine keine Urlaubsreisen, sondern, fortzugehen, irgendwo anders hin, um seine Bestimmung und seine Lebensweise zu ändern. Sogar heutzutage sind wir tatsächlich das einzige dicht besiedelte Kontinentalland, in dem jeder Einzelne frei entscheiden kann, wo er leben will, ohne dass ihm da jemand hineinzureden hätte. Man muss keinen Personalausweis, Pass oder eine Personenkennzahl haben. Man muss dem Bahnhofspersonal keine Reiseerlaubnis zeigen, um eine Fahrkarte von Boston nach Washington zu kaufen. Es gibt keine Grenzbefestigung und keine Schlagbäume.

Ein zweiter Aspekt der Selbstverwirklichung ist der eigene Antrieb. In Amerika schützen wir die Fähigkeit des Einzelnen, seine eigenen Projekte zu starten und sie zu verwirklichen. Das ist der Kern des Unternehmergeistes in unserem Land. Es ist nichts ungewöhnliches, wenn jemand hier sagt: „Ich möchte etwas neues anfangen. Ich gründe ein Unternehmen. Ich schreibe Gedichte. Ich vermarkte ein paar neue Ideen." So etwas geschieht andauernd. Und im postindustriellen Zeitalter wird es eher die Regel als die Ausnahme sein. Für uns ist das selbstverständlich. Es ist Teil unserer Kultur.

Im Großteil der Welt, auch vielen westlichen Demokratien, kann man so etwas nicht tun. Denn im Großteil der Welt geht man von der Idee aus, die Regierung bestehe hauptsächlich zum Wohl der Gesellschaft und habe zum Wohl der Gemeinschaft dem Einzelnen ein enges Regelwerk aufzuerlegen. Überall in der Welt beklagen die Menschen, wie schwer es sei, kreativ und unternehmerisch tätig zu sein. Auch in unserem Land nörgeln wir darüber, wie sehr die Regierung uns einschränkt. Aber tatsächlich gibt es keinen Ort auf der Welt, wo die Regierung weniger hinter den Leuten her wäre. Denn Ausgangspunkt in unserer Demokratie ist, was der Einzelne für seine Zukunft will.

Der dritte Aspekt des Empowerments ist das Konzept des Selbstwertgefühls, womit ich das Gefühl meine, genau so viel wert zu sein wie mein Nachbar. Niemals in der amerikanischen Geschichte hatten wir eine formale Klassengesellschaft. Von Anfang an gab es keine Vorrechte durch Bildung, Herkunft, Geld oder etwas anderes. Das heißt nicht, dass nicht manche Leute im Alltag über einander die Nase rümpfen würden. Aber selbst so etwas läuft der Kultur zuwider, ihrem festen Grundsatz, dass jeder genauso viel wert ist wie sein Nachbar, egal, wer man ist und wo man geboren wurde.

Allerdings galt all das in unserem Land zuerst nur für weiße Männer, die Grundbesitz hatten. Im Laufe der Zeit wurde es auf weiße Männer ohne Land ausgeweitet, dann auf Männer aller Rassen und zuletzt auf Erwachsene beider Geschlechter. Das Grundprinzip bestand von Anfang an, wurde im Laufe der Jahrzehnte langsam ausgeweitet und hat die Kinder bislang noch nicht ganz erreicht. Darin unterscheidet sich Sudbury Valley wesentlich, darauf kommen wir noch zu sprechen.

Schweifen wir kurz ab, zu etwas, das mir bedeutsam vorkommt und über das ich lange nachgedacht habe: Warum ist die US-Demokratie so anders? Seit der Antike gab es Demokratien; woher kommt dieser völlig andere Ansatz in der Demokratie unseres Landes? Ich meine, aus der Besiedelung Nordamerikas im Zuge der Kolonisierung durch Europa. Ein Blick auf die Geopolitik lässt uns das besser verstehen.

Gehen wir dazu einmal zurück ins 15. Jahrhundert. Aus europäischer Sicht war das der Beginn der sogenannten „Neuzeit", in der die europäische Zivilisation und ihre Technik weltbeherrschend wurde. Ihrem Vordringen vermochte die restliche Welt nicht zu widerstehen. Eine so überragende Kraft war neu in der Geschichte. Europa hatte das brennende Verlangen, den Rest der Welt militärisch und wirtschaftlich zu erobern und zu beherrschen. Vor allem war man besessen davon, Einfluss und Handelsbeziehungen in den Fernen Osten auszuweiten, zu jenen exotischen Ländern, die Gewürze, Seide und andere wunderbare Dinge zu bieten haben, die man wieder mit nach Hause bringen und mit enormem Profit verkaufen kann. Kurz: Zu dieser Zeit hatte Europa es auf den Reichtum des Fernen Ostens abgesehen.

Wie kam man nun von Europa in den Fernen Osten? Angenommen, man wollte durch das Mittelmeer und den Nahen Osten: Im Mittelmeerraum hatten aber die italienischen Stadtstaaten den Handel im Würgegriff, womit für ein paar Hundert Jahre die von allen beneideten Italiener das reichste Volk Europas waren. Wer sonst noch war damals eine Seemacht? Nur eine Handvoll Länder: Holland, Spanien, Portugal, England und Frankreich. Portugal stand an erster Stelle. Dort hatte man echte Seefahrer als Könige, und die entschieden: „Den Handel mit dem Osten holen wir uns auch. Durchs Mittelmeer können wir nicht, das haben die Italiener abgeriegelt. Mal sehen, ob es einen Weg andersherum gibt." So begaben sie sich auf ihren Weg um Afrika herum, und schafften es schließlich am Kap der guten Hoffnung vorbei und auf der anderen Seite wieder hinauf, bis nach Indien, und diesen Weg sicherten sie sich. Bei Columbus war das ganz ähnlich. Warum soll der spanische Hof sich für einen italienischen Seefahrer interessieren, der davon redet, in den Fernen Osten zu segeln? Weil der spanische Hof darauf brennt, Handel mit dem Osten zu treiben, aber alle bekannten Routen versperrt sind. Da kommt dieser Kerl an und sagt: „So herum geht es. Da ist noch offen." Also versuchten sie es.

Jetzt wird die Geschichte interessant. Sie fuhren nach Westen und stießen auf die Karibik, auf Mittel- und Südamerika. Natürlich fanden sie nicht den Fernen Osten, sie fanden etwas hundertmal besseres, nämlich uralte Kulturen, fantastisch reich. Geradezu über Nacht nahmen die Spanier die ganze Region ein, saugten den Reichtum heraus und verfrachteten ihn nach Hause. Spanien wurde für mehr als 150 Jahre das reichste Land Europas. So wie Spanien heute aussieht, kann man sich gar nicht mehr vorstellen, wie dieses Land zu Beginn der Neuzeit für fast zwei Jahrzehnte eine Großmacht gewesen sein soll.

Nordamerika hingegen hatte keinen nennenswerten Reichtum, *und darin liegt der Schlüssel zu der Einzigartigkeit der Entwicklungen später.* In Nordamerika gab es keine Kulturen wie die der Inka oder Maya, sondern Hunderte verschiedener Ureinwohner-Kulturen, von denen keine solch sagenhaften Reichtum besaß. Die Spanier durchstreiften ganz Nordamerika, um Gold und Silber zu finden, fanden aber nichts. Also ließen sie die Finger davon. Ein ganzer Kontinent mit unwirtlichem Klima und ohne Reichtum - das war alles, was für Engländer und Franzosen übrig blieb. Die Franzosen taten, was vor ihnen die Norweger im 10. Jahrhundert in Nordamerika und was die Russen in Sibirien taten: sie handelten mit Pelzen. Sie reisten durch alle großen Flusssysteme Nordamerikas - den Sankt-Lorenz-Strom, den Mississippi, den Missouri - und beanspruchten schließlich das gesamte zentrale Nordamerika für den französischen König.

Und was ist mit England, was tun die Engländer nun? Schlechtes Klima schreckt sie nicht, das ist wie zuhause: Regen, Schnee, Kälte, Elend. Sie haben ein ganz anderes Problem: die größere persönliche und politische Freiheit als in jedem anderen europäischen Land, zu der sie es inzwischen gebracht haben. In England wurden einige Fesseln der Autokratie gelockert. Es gibt eine Form repräsentativer Regierung. Zur Erinnerung, wir sprechen hier vom 15. und 16. Jahrhundert. Englische Könige stehen immer noch an oberster Stelle, einfache Leute verfügen über nur wenig Macht. Dennoch ist die Freiheit sehr viel größer als irgendwo sonst, und mit der Freiheit steht es so: einmal ein bisschen davon gekostet, regt sie den Appetit an. In England findet man entsetzlich viele Regimegegner, denn Freiheit bringt solche hervor. Die europäischen Kontinentalmächte wussten mit Regimegegnern umzugehen: Sie töteten sie, steckten sie ins Gefängnis, brachten sie zum Schweigen. Die Engländer handhabten das zum Teil genauso, aber in geringerem Maße. Also hatten sie schließlich ein Land, in dem Leute mit anderen Ansichten darüber, wie das Leben sein sollte, die Verhältnisse aufmischten und Ärger machten.

Das ist wie geschaffen für einen neuen Ansatz des Kolonialismus: *Besiedlung*. Nicht Eingeborene beherrschen und ausbeuten, wie es die Spanier taten (und wie es die Engländer einige Jahrhunderte später taten, als sie Indien plünderten), sondern sich auf dem neuen Kontinent niederlassen, *um dort so zu leben*, wie man möchte und um von den Machthabern der alten Heimat nicht mehr gepiesackt zu werden.

Wir alle haben das in Sozialkunde gelernt. Da waren beispielsweise die Quäker. Sie waren in England nicht glücklich, mochten die Staatskirche nicht, und nun sahen sie eine Möglichkeit, zu einem Ort aufzubrechen, den niemand außer den Engländern haben will. Sie gingen zum König und sagten: „Gib uns ein Stück von dem neuen Land." Der König rieb sich die Hände: er konnte diese Unzufriedenen loswerden, konnte sie einfach nach Amerika verschiffen! Und wer geht? Welche Art Mensch rafft sich im 17. und 18. Jahrhundert auf, verlässt sein Zuhause, sein Land, seine Freunde, seine Unterstützer und die Heimat, wo seine Vorfahren wahrscheinlich seit Hunderten von Jahren lebten? Wer macht sich in ein völlig unbekanntes Gebiet auf, wo wilde Eingeborene ihn bedrohen - wer wagt diesen großen Schritt, um ein neues Leben zu führen? Eine Truppe, die sich von selbst zusammengefunden hat, robuste Individualisten, denen die eigenen Ziele wichtiger waren, als in der Bequemlichkeit der angestammten Heimat ihrer Vorfahren zu bleiben. Das trifft auf die Quäker in Pennsylvania zu. Auf die Katholiken in Maryland. Auf die Puritaner in Neuengland. Und Roger Williams in Providence, der nicht ertrug, was die Puritaner nebenan taten, und der deshalb auch fortging. Es trifft auf sie alle zu. Und sie bringen die Idee jener Freiheit mit, die ihnen überhaupt erst erlaubte aufzubrechen - die Idee, an parlamentarischer Demokratie müsse etwas dran sein, die Idee, die Leute sollten sich selbst regieren. Aber vor allem bringen sie die Entschlossenheit mit, sich ein neues Leben in einer neuen Welt aufzubauen.

Dem Beispiel der ersten folgend, wird Amerika Zuflucht solcher Menschen aus aller Welt. Das ist die Grundlage. Denkt mal darüber nach, denkt an all die Einwanderungswellen. Das waren lauter Einzelne, jeder von ihnen, aus jeder dieser Wellen, aus all diesen Ländern musste sich aufraffen, sich seiner Gemeinschaft entwurzeln, aus seinem Zuhause, seinem Freundeskreis. Sie gingen in eine unbekannte Welt. Sie hatten keine Ahnung, was sie dort sehen würden, wer ihnen helfen würde. Es gab kein Sicherheitsnetz. Sie kamen hier ´rüber mit dem Entschluss: „Ich werde mir ein neues Leben in einer neuen Welt aufbauen - egal, wie schwer das wird.“ Jeder, der die Geschichte der amerikanischen Einwanderung gelesen hat, weiß, wie schwer es tatsächlich war. Es scheint niemanden vom Herüberkommen abgehalten zu haben. All die harten Umstände hier waren nichts im Vergleich zu dem Entschluss dieser Menschen von überall her, die sich von selbst zusammengefunden hatten und hierher kamen, um ihre eigenen Träume zu verwirklichen.

Und daraus erwuchs diese einzigartige Demokratieform, die wir in diesem Land haben. Natürlich wurde das Land auf der englischen Liebe zu Freiheit und Demokratie aufgebaut. Entscheidend aber war die Bevölkerung, mit ihrer unbedingten Entschlossenheit, sich selbst die Macht zu geben und ihren eigenen Weg in der neuen Welt zu gehen.

Die Wirtschaft passte genau dazu. Bis zur Mitte des 19. Jahrhunderts herrschte die Landwirtschaft vor, mehr als 90 % der Bevölkerung lebte auf eigenen Farmen. Man baute eigene Häuser und erschloss den Westen weiter. Sie wollten ihr eigenes Stück Land. Sie waren zähe, eigenbrötlerische Bauern. In der Tat lebten sie Jeffersons Ideal: Ein Amerika, beruhend auf der großen Zahl von Kleinbauern, und ihrer Wertschätzung des Empowerments.

Als im 19. Jahrhundert das industrielle Zeitalter den Kinderschuhen entwuchs, wurden diese Ideale einer schweren Prüfung unterzogen. Industrialisierung widerspricht von Natur aus der Idee des Empowerments, denn jetzt sollten die Menschen Teil der Maschinen werden. Und der einzige Weg, Menschen zu mechanisieren, ist, sie zu entmenschlichen und zu entmachten. Darum gab es während des ganzen industriellen Zeitalters in diesem Land einen tiefen Konflikt zwischen dem Wirtschaftssystem, das seinen landwirtschaftlichen Charakter verlor, und den grundlegenden amerikanischen Idealen. Diesem Konflikt entsprangen alle großen Kämpfe des späten 19. und frühen 20. Jahrhundert.

Nun ist das postindustrielle Zeitalter angebrochen. Wir befinden uns an einem Punkt, an dem die wirtschaftlichen Gegebenheiten uns, wie in vergangenen Generationen, wieder das Ideal des Empowerments verwirklichen lassen können, diesmal allerdings mit einer anderen Grundlage als der Landwirtschaft.

Was heute auf die amerikanische Gesellschaft zutrifft, gilt auch für die Schule. Auch hier geht es im Grunde um Demokratie im Sinne von Empowerment. Hat man das einmal verstanden, sieht man es überall. Lasst mich zwei ehemalige Schüler zitieren: „Erst hatte ich Angst vor der Schulversammlung; ich befürchtete, jemand würde mich auffordern, etwas zu sagen, und ich hätte keine Idee, was ich sagen soll. Ich ging trotzdem hin, einfach aus Interesse. Ich wollte zuhören. L. leitete die Schulversammlung. Ich habe in Büchern gelesen, wie Versammlungen abliefen, mit Protokoll, Tagesordnung, einem Leiter und all diesen Dingen, aber jetzt hatte ich meine erste Erfahrung mit so einer strukturierten Versammlung. L. verwirrte mich; ich wusste nicht, ob er Schüler oder Mitarbeiter war. Als ich herausfand, dass er ein Schüler war, war ich beeindruckt. Ich fand, er hat es toll gemacht, ich bewunderte ihn wirklich dafür und schaute zu ihm auf. Ich war erstaunt, dass ein Junge, der jünger war als ich, er mag neun oder zehn gewesen sein, geradeheraus sprach. Ich glaube, er hatte eine Strafe erhalten und versuchte nun zu erklären, warum er sich so verhalten hatte. Er stand einfach auf und sagte seinen Teil. Ich war so verblüfft, weil er überhaupt keine Angst hatte. Es stellte sich heraus, dass er einen guten Grund für das hatte, was er getan hat, und am Ende waren alle dafür, seine Strafe aufzuheben." Und hier das zweite Zitat: „Sich gleichberechtigt zu fühlen, ist so wichtig. Darum geht es. Als Kind ist es äußerst wichtig, weil man das Gefühl hat, ein wenig Autorität zu haben und dass man seine Gefühle ausdrücken kann und jemand einem zuhören wird. Wenn jemand einfach mit einer Regel nach dir schmeißt, ist es fast ein Reflex, dagegen zu rebellieren. Aber wenn man etwas damit zu tun hat, wenn man die Regel mit aufgestellt hat, wenn man da dieses ganze Demokratiegefühl spürt, dann nutzt einem das etwas. Ich sage das jetzt als Erwachsener, aber auch als Kind war ich mir dessen bewusst. Ich wusste, ich hatte eine gewisse Macht. ‚Hey, wir haben die Mitarbeiter gewählt.' Man wusste, man hat die Macht, Leute ´reinzuwählen und Leute abzuwählen"

Man sieht das jeden Tag an der Schule. Es ist völlig fesselnd. Es gibt viele Themen, die aufkommen und die vielen Mitgliedern der Gemeinschaft sehr wichtig sind. Für mich ist nichts bewegender, interessanter und beeindruckender, als die Schulversammlung zusammentreten zu sehen, Woche für Woche. Gelegentlich muss sie in die Scheune ausweichen, wenn der Platz nicht reicht. Man wird Zeuge, wie Menschen zusammenkommen, die spüren, dass sie die Macht haben, ihr Schicksal zu beeinflussen und ihre Meinung geltend zu machen. Das heißt nicht, dass jeder seinen Willen bekäme. Niemand bekommt ihn immer. Aber unsere Schule ermöglicht, durch eigene und unmittelbare Aktivität zu versuchen, die persönlichen Träume zu verwirklichen.

Sudbury Valley ermöglicht praktische Erfahrung, nicht einfach nur in demokratischer Verwaltung, sondern in Empowerment, was der Kern der US-Demokratie ist.

Jedes Kind seinen einzigartigen Weg gehen lassen

Altersmischung, positive und negative Vorbilder, und persönliche Unabhängigkeit

Schon immer waren wir der Ansicht, dass Sudbury Valley der beste Ort ist, das einzigartige Potenzial jedes Kindes sich vollständig entwickeln zu lassen. Das sahen wir seit dem ersten Tag als selbstverständlich an. Wie hängt nun diese schöne Einstellung mit der Gründung einer Schule zusammen. Wenn man meint, jedes Kind habe eine einzigartige Bestimmung, und diese solle es frei entfalten können, kommt man direkt auf die große Debatte, ob der Mensch vor allem durch die Natur oder durch die Erziehung geprägt wird. Bislang jedenfalls hat niemand eine Antwort darauf, welches der bestimmende oder wichtigste Faktor ist, oder welches Gewicht jedem Faktor zukommt. Wenn wir davon ausgehen, dass beide eine Rolle spielen, wie verhält sich dann die Schule zu diesen beiden Faktoren? Wie hilft die Schule jedem Kind, seine eigenen Entwicklungschancen zu erkennen, egal, ob man sie als von der Natur oder durch Erziehung festgelegt ansieht?

Betrachten wir zuerst die Natur. Wer sie für den entscheidenden Faktor hält, argumentiert, das Potenzial und die Fähigkeiten eines Kindes seien größtenteils in seinen Genen angelegt, wohnten ihm also von Geburt an inne. Jedes Kind habe eine angeborene Ausstattung, die sich - wie Haarfarbe, oder Körperbau - entfaltet, während das Kind zum Erwachsenen heranreift. Sofern diese Ansicht zutrifft, unterstützt man die Entwicklung der Fähigkeit eines Kindes, seine eigene Bestimmung zu erkennen, am besten dadurch, der Natur einfach ihren Lauf zu lassen. Wenn man einmal darüber nachdenkt, was das bedeutet, erscheint das ziemlich offensichtlich. Wenn die Bestimmung im wesentlichen angeboren ist, kommt sie am besten zum Tragen, wenn man der Natur ungestört ihren Lauf lässt, ihr keine Hindernisse in den Weg legt, und die nötige Geduld aufbringt, den Ablauf der natürlichen Vorgänge abzuwarten.

Aus dieser Idee stammt der Ansatz „Die Kunst, nichts zu tun", den Hanna Greenberg vor etwa 20 Jahren in einem Artikel vorstellte.[1] Es geht nicht so sehr darum, gar nichts zu tun, als vielmehr, zur Seite zu treten und die Natur *etwas* tun lassen. Mit anderen Worten: Mitarbeiter, Eltern und andere Mitglieder der Schulgemeinschaft müssen sehr darauf achten, nicht einzugreifen in die natürlichen Abläufe, mit denen die Fähigkeiten des Kindes sich entfalten. Schon seit langem ist uns das an der Schule sehr wichtig, und unsere Erfahrungen bekräftigen es immer und immer wieder. Uns musste klar werden, dass jeder Eingriff durch die Schule die angeborenen natürlichen Triebe und Neigungen des sich entwickelnden Kindes etwas untergräbt.

Letztens sprachen wir über die Rolle der Eltern, darüber, wie wichtig es ist, dass sie Schaden und Nutzen abwägen, ehe sie sich einmischen. Die Schule ist ein ganz anderes Umfeld als die Familie, in der Schule gibt es noch weniger Entschuldigungen für ein Eingreifen. Es darf dort keine Kompromisse geben. Ihr Ziel, die natürlichen Neigungen des Kindes sich entfalten zu lassen, erfordert völlige Zurückhaltung. Sie darf keine Barrieren errichten oder die Entwicklung des Kindes lenken wollen.

In Mary Olivers Buch *Dreamwork*[2], habe ich ein schönes Gedicht gefunden, das ich in diesem Zusammenhang zitieren möchte. Es handelt von dem Schaden, den Einmischung der natürlichen Entfaltung zufügen kann. Das Gedicht heißt: „Die Reise":

1 Die Sudbury Valley School: Eine neue Sicht auf das Lernen (tologo verlag, Leipzig, 2005) S. 78

2 (Atlantic Monthly Press: New York, 1986), S. 38

Eines Tages wusstest du endlich,
was zu tun war, und hast begonnen,
obwohl die Stimmen um dich herum
dir weiter ihren schlechten Rat zuriefen –
obwohl das ganze Haus
zu zittern begann
und du wieder spürtest
wie etwas an deinen Knöcheln zog.
„Mach mein Leben besser!"
riefen sie alle.
Aber du bist nicht stehengeblieben.
Du wusstest, was du zu tun hattest,
obwohl der Wind
mit seinen steifen Fingern
an den tiefsten Fundamenten rüttelte,
obwohl ihre Wehmut
so schrecklich war.
Es war schon spät
genug, und eine stürmische Nacht,
und der Weg war voll von herabgefallenen
Zweigen und Steinen.
Aber Schritt für Schritt,
während du ihre Stimmen hinter dir ließest,
begannen die Sterne
durch die Wolkendecke zu glühen,
und da war eine neue Stimme,
die du langsam
als deine eigene erkanntest,
die dich nicht verließ,
als du tiefer und tiefer
in die Welt vordrangst,
dazu entschlossen,
das einzige zu tun, was du tun konntest
dazu entschlossen,
das einzige Leben zu retten, das du retten konntest.

Als wir dieses natürliche Entfalten sahen, erkannten wir allmählich die entscheidende Rolle der *Zeit* dabei. Was einem an Sudbury Valley auffällt, ist die Abwesenheit vorgegebener Zeiten. Wir haben keine Klingeln. Wir verpassen dem Schüler keinen festen Zeitrahmen. An unserer Schule gilt Zeit als eng mit der Entwicklung des einzelnen Schülers verbunden, somit nicht als Angelegenheit der Gemeinschaft. Sie ist Sache jedes Einzelnen selbst. Jeder Schüler unserer Schule lebt nach seiner eigenen inneren Uhr. Das wissen alle Eltern sehr gut, wenn sie ihre Kinder abholen wollen. Die Schüler sehen den Tag über kaum auf ihre Uhren. Kinder begreifen, die Geschwindigkeit, mit der sich die Erde um ihre Achse dreht, hat nichts damit zu tun, was in ihnen als Menschen vorgeht, während sich ihr Leben entfaltet. Damit Sudbury Valley funktioniert, müssen Schüler und ihre Familien sich an die Tatsache gewöhnen, dass die hierzulande übliche Tyrannei der Zeitvorgaben ein für alle Mal abgeschafft gehört.

Für die Gesellschaft um uns herum ist das sehr schwer zu akzeptieren. Ich meine nicht die Klingelzeichen. Unsere Schule meidet die größte uns von der Gesellschaft aufgezwungene Tyrannei der Zeitvorgaben: die der Entwicklungsstufen. Diesen Fluch, den die moderne Scheinwissenschaft in die Theorie der natürlichen Entwicklung des Menschen eingeführt hat. Warum diese Idee so große Verbreitung gefunden hat, bleibt mir ein Rätsel. Als ich aufwuchs, sprach niemand davon; die allgemeine Überzeugung war: „Es ist nie zu spät!" Einer unserer Helden war Albert Schweitzer, einer der größten Organisten in Europa, der mit Mitte 30 alles hinwarf, um zur Uni zu gehen und Arzt zu werden und seinen Traum eines medizinischen Dienstes für Afrika zu verwirklichen. Ihn stellte man uns als Vorbild hin. Man kann sich immer ändern. Es ist nie zu spät.

Gerade, als die ganze Welt begann, das Diktat der Zeitvorgaben abzuschaffen, warf die Wissenschaft der Entwicklungspsychologie sich auf diese Mode. Aus den sogenannten wissenschaftlichen Experimenten, die auf diesem Gebiet durchgeführt wurden, zog man Schlüsse, die allerdings auf dürftigem, kaum verstandenem Material beruhen. Man kann sie eigentlich nur ein Produkt der Einbildung nennen. Und doch werden viele Eltern ausgesprochen nervös, wenn sie hören, ihr Kind müsse bis zu demunddem Alter eine zweite Sprache erlernt haben, sonst sei diese Fähigkeit verschwunden; habe es bis zu diesem oder jenem Alter keine mathematischen Kenntnisse, werde es niemals gut in Mathematik sein. Es gibt jede Menge solcher Aussagen, die angeblich durch Studien gestützt sind. Immer wenn ich solche Studien sehe - Gehirnwellenauswertungen, Cognitive Ability Test Scans, statistische Analysen und was nicht noch alles - fällt mir die Ameise ein. Ich denke an dieses winzige Insekt, das nichts hat, was man ein Gehirn nennen würde. Von seinem komplexen Verhalten haben wir keinen blassen Schimmer. Wir haben keine Ahnung, wie die Wahrnehmung der Ameise funktioniert, was auch immer das bedeuten mag. Und dann sage ich mir: „Auch diese Mode geht vorbei; wie soll man denn die angeblichen Entwicklungsstufen des menschlichen Gehirns verstehen, wenn man noch nicht einmal versteht, was im Gehirn einer Ameise geschieht."

Wir dürfen uns auch nicht dem Diktat von außen aufgesetzter Zeitpläne unterwerfen, etwa: „Du solltest hier mit 18 raus sein. Und mit 16 solltest du anfangen, für deine SATs zu lernen." Solche Zielvorgaben stülpen einige Familien und die Gesellschaft den Schülern über. Auch sie laufen der natürlichen inneren Entwicklung des jeweiligen Kindes zuwider. Wir konnten das im Laufe der vergangenen 30 Jahre sehr gut beobachten. Mancher ist mit 16 für seinen Schulabschluss bereit bzw. dafür, hinaus in die Welt zu gehen. Andere sind erst mit 20 oder 21 soweit. Es kommt letztendlich nicht darauf an. Als die Lebenserwartung 25 oder 30 Jahre betrug, hatte man vielleicht einen Grund zu sagen: „Werde fertig damit, ehe du 13 bist." Mit 13 oder 14 heiratete man damals. Das gibt einen anderen Blickwinkel. Als Chopin sein erstes Klavierkonzert schrieb, war er 19 Jahre alt. Da sagt man sich: „Oh mein Gott, ich bin 20 und habe noch gar nichts getan." Und glaubt, das Leben sei an einem vorbeigegangen. Das ist abwegig. Chopin musste in seinem Leben vorankommen. Mit 36 war er tot. Er mag mit 19 nicht gewusst haben, dass er mit 36 tot sein würde, aber die Leute ringsherum starben mit 36. Er mag es geahnt haben. Unsere Lebensdauer ist 70, 75, 80 - wer weiß? Kein Grund zur Eile. Soll der Teil der Natur sich entfalten, darf es keine Tyrannei der Zeitvorgaben geben.

Die Zeit selbst hingegen hat noch eine andere Seite, und deren Wert war uns lange nicht klar: Die *Gegenwart*. Wenn man versteht, dass man sich keine Sorgen um Zeitrahmen machen muss, ist das eine Sache; eine ganz andere aber, die Bedeutung der unmittelbaren Gegenwart zu erkennen. Kinder haben die wunderbare Fähigkeit, ganz in der Gegenwart zu sein. Den Augenblick der Gegenwart in seiner Schönheit, Komplexität und Fülle zu erleben, ihn bis ins Kleinste anzuerkennen und dies in dir fließen zu lassen, bereichert dich stark und hilft, deine verborgenen Fähigkeiten zu erschließen. Das ist keine Frage, und auch die östlichen Philosophien betonen es. Erwachsene in industriellen oder städtischen Gesellschaften haben diese Fähigkeiten meist verloren. Fast unerträglich ist die Gegenwart geworden, also schiebt man sie beiseite, richtet sich auf die Zukunft aus oder gar auf ein Leben nach dem Tod. Die Gegenwart ist zu elend, um sich mit ihr zu befassen.

In einer Schule wie Sudbury Valley, wo Zeit nicht zählt, verlieren Kinder nicht die Fähigkeit, die Gegenwart zu lieben und zu schätzen. Man sieht es an unseren Absolventen, wenn sie älter werden. Man sieht sie in ihren Zwanzigern, Dreißigern und jetzt auch Vierzigern und staunt, denn sie haben ihre Fähigkeit, in der Schönheit der Gegenwart zu schwelgen, nicht verloren. Darin sehe ich einen der bedeutendsten Belege, wie gut die Schule bei der Suche jedes Menschen nach seiner Bestimmung den Lauf der Natur unterstützt hat.

Kommen wir zum schwierigeren Punkt: der Erziehung. Gründet man eine Schule, muss man unbedingt verstehen, wie Erziehung den Weg jedes Kindes zu seiner Bestimmung beeinflusst, denn eine Schule ist nun mal das tägliche Umfeld des Kindes und wird es stark prägen. Und das muss man sehr genau berücksichtigen, wenn man dieses Umfeld gestaltet.

Machen wir einen Abstecher und sehen uns zunächst die verschiedenen Umgebungen an, in denen ein Kind aufwächst. Die sichtbarste ist der allgemeine Kulturkreis, in unserem Fall der US-amerikanische. Das Kind ist davon ganz und gar umgeben. Wir haben als Schule gar nichts damit zu tun, denn wir leben nun einmal in den Vereinigten Staaten, sie können ihrem US-amerikanischem Umfeld nicht entkommen. Es sei denn, sie würden ganz woanders hinziehen. Viele Eltern mögen bestimmte Dinge der US-amerikanischen Lebensweise nicht. Ihnen kann ich nur sagen: Man sollte sich nicht mit Mächten anlegen, die man nicht besiegen kann. Das hier sind die Vereinigten Staaten, das kann man nicht ändern. Man kann nach Australien auswandern. Oder in den Nahen Osten. Aber wer in diesem Land bleibt, dessen Kinder wachsen in der US-amerikanischen Kultur auf; und je mehr er sie bekämpft, desto mehr wollen die Kinder über das wissen, was er von ihnen fernhält.

Im meiner Familie haben wir das mit unseren Kindern und dem Fernsehen erlebt. Die Kinder wurden in den 60er Jahren geboren, und wie so viele damals wollten wir sie nicht dem Fernsehen aussetzen. Als wir schließlich einen Fernseher gekauft hatten, behielten wir ihn im Schrank. Die Kinder fragten immer mal: „Was ist denn das da für ein Ding, das wie ein Koffer aussieht?“ Wir antworteten nicht - bis wir am Ende dahinterkamen, dass sie natürlich fernsahen, unglaublich viel, bei ihren Freunden. Als ich ein Kind war, durfte ich keine Comics lesen, und ratet mal, was ich in meiner Freizeit tat? Ich besuchte meine Freunde und las dort Comics.

Man kommt nicht dagegen an. Was passierte, als wir unserem Ältesten sagten: „Okay, du kannst fernsehen“? Er saß den ganzen Tag vor der Röhre, nur um es uns zu zeigen. Nach einer Weile entschied er, dass es noch andere Dinge im Leben gibt. Unser Jüngster hatte das Fernsehen vom ersten Tag an um sich - und würdigte das Gerät kaum eines Blickes. Die Kultur, die einen umgibt, lässt sich nicht umgehen. Man kann versuchen, etwas zu beeinflussen. Man kann sagen, was man darüber denkt. Nichts hält einen davon ab, seine Meinungen zu äußern, aber die allgemeine Kultur ist überall und unumgänglich.

Neben der allgemeinen gibt es die Kultur des weiteren gesellschaftlichen Umfelds der Familie. Dazu gehören etwa religiöse Gruppen, denen man vielleicht angehört, aber auch die der Gemeinschaft oder des Geschäftslebens. Eine Art Subkultur, in der auch das Kind aufwächst und von der es stark beeinflusst wird. Denkt man an seine Kindheit zurück, stößt man sicher auf viele Erinnerungen an dieses Umfeld - die Synagoge, Kirche, oder Jugendgruppe. All das gehört zur umgebungsbedingten Erziehung und beeinflusst das Aufwachsen jedes Menschen.

Das andere große Umfeld ist die Familie, davon hatten wir bereits gesprochen.[3] In vielerlei Hinsicht ist das der stärkste Einfluss, dem ein Kind ausgesetzt ist.

Im Vergleich zu diesen drei Umgebungen - gesamtgesellschaftliche Kultur, Subkultur des näheren Umfelds, Familie - scheint die Schule eine eher untergeordnete Bedeutung zu haben. Die Kinder gehen da nur für ein paar Stunden am Tag hin, von Montag bis Freitag, außer in den Ferien, also bleiben nur so 180 Tage übrig, etwa ein halbes Jahr. Das klingt nicht nach viel - und doch ist es viel. Und zwar deshalb, weil die Schule das einzige Umfeld ist, in dem Kinder regelmäßig und unmittelbar Leuten ausgesetzt sind, mit denen sie nicht vertraut sind. Und das ist entscheidend. Hier erleben sie, was ihnen als Erwachsene begegnen wird. Wie befremdend, furchterregend und seltsam muss es für einen Schüler sein, der neu in die Schule kommt. Da ist er nun, hier soll er viele lange Stunden verbringen, inmitten von Leuten, die er überhaupt nicht kennt. Jeden Tag wird er ihnen begegnen, sich mit ihnen austauschen, ihnen dabei zusehen, wie sie mit anderen umgehen. Ein Mikrokosmos der „wirklichen Welt", der Welt der Erwachsenen. Kinder wissen das, und wenn Erwachsene ihnen sagen, die Schule sei der Ort, der sie auf die Erwachsenenwelt vorbereitet, haben sie völlig recht, jedenfalls aus der Sicht, die ich gerade umrissen habe.

Wenn wir die Schule als wichtiges Umfeld verstehen und als Abbild der Erwachsenenwelt, stellt sich die Frage: „Was sind die besten Verhältnisse an der Schule, die wir schaffen können, um jedes Kind seine Fähigkeiten entfalten und seine einzigartige Bestimmung ent-

---

3 Siehe Kapitel „Die Rolle der Eltern"

decken zu lassen?" Diese Frage muss man sich stellen, wenn man eine Schule gründen will.

Die Antwort der traditionellen Schulen ist ganz direkt: Kinder müsse man mit bestimmten, genau festgelegten Wissensinhalten und Fertigkeiten in Berührung bringen. Setzten sie sich damit auseinander, würden die Kinder schließlich die Fähigkeit entwickeln, ihren Weg im Leben zu finden. An Fertigkeiten und Inhalten wählen die Pädagogen diejenigen aus, deren Beherrschung sie als für jeden Erwachsenen wichtig erachten, damit er in der modernen Welt zurechtkommt.

In unseren Veröffentlichungen befassen wir uns viel mit diesem Ansatz. An seiner Annahme sind zwei Dinge falsch; und deshalb kam er für uns nie in Betracht, als wir die Schule planten. Der erste Fehler ist, dass dieser Ansatz eine aktive Einmischung erfordert. Wenn Kinder einem vorgegebenem Paket von Fertigkeiten und Inhalten ausgesetzt sein sollen, geht das nicht ohne Eingreifen der Erwachsenen. Dies läuft jedoch der natürlichen Neigung des Kindes zuwider, sich in seiner eigenen Art zu entwickeln. Diese Reibung ist nicht zu verhindern, und sie ist die Quelle des Widerstandes gegen die Schule, den jedes Schulkind in der einen oder anderen Form entwickelt - sogar Kinder, die die Schule mögen, wie ich damals. Man kann sie zwar mögen, ist aber doch verärgert, da hineingedrängt zu werden, denn es ist so sehr gegen die menschliche Natur.

Das zweite Problem ist: Wie soll man auswählen, mit welchen Fertigkeiten und Inhalten die Schüler in Berührung kommen sollen. Man ist sich über sie nicht einig. Eine Übereinstimmung darüber scheint im postindustriellen Informationszeitalter auch gar nicht möglich. Das Ergebnis sind Gruppen von Leuten, die immer umfangreichere Listen von Dingen erstellen, die jedes Kind wissen müssen soll.

Ich habe ein großes Buch, ungefähr sieben Kilo schwer und 650 Seiten stark. Es ist ein Kompendium der Leistungsanforderungen und Vergleichstests für Schüler vom Kindergarten bis zur 12. Klasse. Dieses Buch stellt dar, was 1998 die besten Pädagogen dieses Landes meinten, welche Kenntnisse *jedes Kind in diesem Land* haben sollte, bevor es den High-School-Abschluss macht, damit es anschließend erfolgreich in der Welt zurechtkommt. Das ist das notwendige In-Berührung-Kommen mit bestimmten Inhalten, von dem wir sprachen.

Als ich aufwuchs, umfasste das Buch vielleicht 30 Seiten. Aber die Welt wurde komplexer, folglich fügte man immer mehr Themen hinzu, um mit der Komplexität mitzuhalten. Ich habe nicht genug Zeit, um Euch mit Inhalten aus dem Buch zu unterhalten, aber wo auch immer man das Buch gerade aufschlägt, findet man fast immer ein absurdes Beispiel. Ich schlage es mal irgendwo auf, da ist schon so ein typisches Beispiel: „Es ist unverzichtbar, dass jedes Kind der Klassen fünf bis sechs in diesem Land" - man bedenke, das ist kein spezialisiertes Buch für Schulen wie die „Boston Latin" oder die „Bronx High School der Wissenschaft", das ist ein Buch für *jedes* Kind, *überall* - es ist also unverzichtbar, dass der Schüler „die Auswirkung des militärischen und wirtschaftlichen Handelns Europas in Asien versteht, z.B. die Entwicklung der Niederlande, Englands und Frankreichs im 17. und 18. Jahrhundert zu See- und Handelsmächten im Indischen Ozean, sowie die Auswirkungen der britischen und französischen Handels- und Militäreinflüsse auf Politik, Wirtschaft und Handel in Indien; warum die Niederlande militärischen und wirtschaftlichen Einfluss in Indonesien anstrebten und warum dieser Imperialismus die regionale Wirtschaft und Gesellschaft beeinflusste." Das ist *ein einziger Punkt.* Und für die Klassenstufen fünf und sechs.

Falls man glaubt, dass sei untypisch, es gibt jeweils einen ganzen Abschnitt für die Klassenstufen fünf und sechs, sieben und acht, sowie neun bis zwölf. Drei ganze Seiten Lehrstoff, „der sicherstellt, dass jeder Schüler dieser Klassenstufen die Hauptentwicklungen in Ostasien und Südostasien während der Tang-Dynastie von 600 bis 900 versteht." Das sind die von Präsident Bush erklärten Jahr-2000-Ziele, um die sich Demokratische Partei und Republikaner beide eifrig bemühen. Sie wetteifern einzig darum, wer dem Buch mehr Seiten hinzufügen kann, und, ob die Prüfungen bundesweit einheitlich sein sollten (wie es die Demokraten wünschen) oder ob jeder Staat sein eigenes Buch entwickeln sollte (was die Republikaner wollen). Das ergäbe eine Menge solcher Bücher mehr!

Bleibt die Frage, was eine Schule statt dessen bieten sollte? Was *ist* das beste Umfeld, um Kinder auf *ihren* einzigartigen Lebensweg zu bringen? Wir meinen, es sollte drei Anforderungen erfüllen.

Zu allererst muss alles in ihm allgemein im späteren Leben nützlich sein. Zweitens muss es Bezug zu den grundlegenden menschlichen Antrieben und Eigenschaften haben, darf den natürlichen Neigungen nicht zuwiderlaufen. Alles muss *mit* der Natur gehen, nicht gegen sie. Egal was man daher in dieses Umfeld gibt, es muss auf relativ passive Weise nützlich sein. Es muss zum Gebrauch da sein, nichts Aufgenötigtes, nicht das Ergebnis einer aktiven Einmischung, die Widerstand hervorrufen würde. Es muss einfach da sein und einem natürlichen Verlangen des Kindes entsprechen. Und drittens muss es für die Suche des jeweiligen Kindes nach seinem einzigartigen Lebensweg notwendig sein.

Es gibt nicht viel, das diese drei Kriterien erfüllt. Das einzige, das alle drei Kriterien tatsächlich erfüllt, ist wohl etwas, das den Kindern Übung darin gibt, *über die Dinge nachzudenken* – herauszufinden, wie die Welt funktioniert und wie man Probleme löst. Diese Fertigkeiten hat jeder von Natur aus. Jeder wird mit der Fähigkeit geboren, zu denken und die Welt um sich herum zu verstehen. In der Schule möchte man etwas bieten, das auf natürliche Weise und ohne Eingreifen zu einer viel stärkeren Nutzung dieser angeborenen Fähigkeit führt. Nicht, indem man die Schülern denken lehrt oder man Kurse für logisches Denken abhält, sondern indem das Umfeld etwas bereithält, das auf natürliche Weise die Fähigkeit der Kinder fördert, zu denken und Probleme zu lösen.

Mit den Jahren erkannten wir, was dieses „etwas" ist. Es sind die *Vorbilder* im Schulalltag, im weitesten Sinne – das Kind kann beobachten, wie andere sich verhalten und wie sie denken. Das ist vielleicht das wichtigste Verfahren, mit dem Kinder und Erwachsene ihre Denkfähigkeiten verbessern. Aus dem Vortrag über Gespräche wissen wir, warum Kinder ständig kommunizieren wollen: um zu sehen, wie andere Menschen denken und die Welt verstehen.

Je größer die Auswahl solcher Vorbilder ist, desto mehr nützt die Schule den Kindern und desto mehr trägt sie dazu bei, die Problemlösungsfähigkeit der Kinder zu fördern. Darum ist für unsere Schule die Altersmischung so entscheidend. Altersmischung liefert gut geeignete Vorbilder. Es gibt zwei Arten von Altersmischung. Ich möchte kurz über beide sprechen, damit verständlich wird, wie ergiebig die Altersmischung an der Schule ist und wie wichtig sie im Umfeld ist.

Die erste Art der Altermischung umfasst jeweils nur wenige Jahrgänge, beispielsweise wenn Sechsjährige sich unter Kinder zwischen vier und acht Jahren mischen. Den Wert dieser Altersmischung erfasste wahrscheinlich der russische Psychologe Lew Wygotski erstmals vollständig. Von ihm stammt der Begriff dafür: „Zone der nächsten Entwicklung“. Er beobachtete, wie Kinder sich ständig selbst herausfordern, indem sie sich innerhalb der Zone der nächsten Entwicklung mit anderen austauschen, innerhalb dieser Spanne der Fertigkeiten, die relativ nah bei ihren eigenen liegen. Sie erweitern ihren Verstand, indem sie zu etwas vordringen, das nur ein wenig außerhalb ihrer Reichweite liegt, aber verlockend nah genug, um es mit harter Arbeit zu erreichen. Der Sechsjährige bewundert den Achtjährigen für alles, was dieser erreicht hat. Aber der Achtjährige ist nicht so weit entfernt, dass der Sechsjährige sich nicht selber an dessen Stelle sehen kann. Also bemüht er sich. Und es ist den Versuch wert, denn wieviele Fehlschläge er auch wird wegstecken müssen, Fehlschläge und überwundene Fehlschläge tragen zum Funktionieren dieses Prozesses bei.

Die Altersmischung nützt allen Beteiligten; es ist wichtig, das zu verstehen. Achtjährige festigen durch den Austausch mit Sechsjährigen ihre eigenen Fortschritte. Sie verstehen damit, woher sie kommen: „Früher habe ich das so gemacht, heute weiß ich es besser.“ Auch Lehrer sehen das bei ihrer Arbeit. Und wohl jeder hat schon einmal erlebt, wieviel besser man etwas lernt, wenn man es jemandem beibringt. Ist man Vorbild für jemanden, der nur ein wenig jünger ist als man selbst, festigt man, was man selbst erreicht hat, und vertieft seine Denkfähigkeiten. Dann schaut man zu den Zehnjährigen, reckt sich nach ihnen, während die Zehnjährigen zu einem schauen und ihrerseits die eigenen Fähigkeiten festigen, während sie sich ebenso nach den Zwölfjährigen recken. Das sieht man in Sudbury Valley ständig und überall, in der Küche, im Kunstraum, im Musikraum, beim Schach, bei den verschiedensten Spielen - überall. Gegenseitiger Austausch innerhalb der Zone der nächsten Entwicklung ist ein wichtiger Bestandteil des Lebens.

Die zweite Art der Altersmischung in der Schule betrifft große Altersunterschiede. Es dauerte einige Zeit, bis wir deren Wert erkannten. Diese Altersmischung gibt Kindern etwas anderes: Einblick, wie Erwachsene leben. Die Kinder finden damit nicht so sehr den nächsten Schritt für sich selbst heraus, wie sie es in der Zone der nächsten Entwicklung tun, sondern sie versuchen zu verstehen: „Wie wird das sein, wenn ich groß bin?" Das will jedes Kind wissen. Also beobachten sie ältere Menschen und schauen sich an, wie diese handeln, sie studieren sie bis in die kleinste Einzelheit.

Vor kurzem sprach ich mit einigen aus einer anderen Sudbury-Schule, auch Kinder waren dabei. Ich kam zufällig auf diesen Punkt, und es war wirklich ganz lustig. Als ich sagte: „Kinder kennen ihre Eltern besser als irgend jemand sonst", nickten alle Kinder zustimmend, während alle Eltern sie mit Blicken durchbohrten. Aber es stimmt. Die Kinder kennen uns. Die Kinder an der Schule beobachten die Mitarbeiter. Die Kinder kennen die Marotten, die Schwächen und die Stärken der Mitarbeiter viel besser als die Erwachsenen ihre Kollegen. Sie haben uns vollkommen durchschaut. Das ist ein Hauptpunkt dieser Vorbildrolle, dass sie herausfinden: „Wie machen das die Erwachsenen?" Was könnte ein nützlicheres Umfeld sein, um sich auf die Erwachsenenwelt vorzubereiten?

So drückte es ein früherer Schüler aus, der heute selbst Mitarbeiter ist:

> *In den anderen Schulen kam ich ins Klassenzimmer, ein Lehrer saß schon hinter seinem Tisch und spulte ab, was auch immer er 45 Minuten zu erzählen hatte, ein Jahr hindurch, zwei Jahre, wie lange eben er es zu lehren hatte, und dann verließ ich seine Klasse. Der Lehrer parkte sein Auto auf einem anderen Teil des Schulgeländes. Er*

aß auf einem anderen Teil des Schulgeländes. Er sprach außer Hörweite der Schüler.

Ich kam nach Sudbury Valley, und es war faszinierend zu sehen, welche Fahrzeuge die Mitarbeiter fuhren: Fahrräder, Motorräder usw. Es war faszinierend, dass ich sie sitzen und Mittag essen sehen konnte, und ich konnte neben ihnen sitzen und zusehen, was sie aßen und wie, ob sie gute Tischmanieren haben. Wieviel verschiedene Sachen sie tragen, wie sie sich bei Kälte kleiden, und ob sie Hüte aufsetzen oder nicht. Als 15-jähriger hatte ich bis dahin nicht viel Zeit in der Nähe von Erwachsenen bei der Arbeit verbracht. Ich ging gelegentlich mit meinem Vater in den Laden oder sah, wie meine Mutter und ihre Freundinnen um den Tisch saßen. Aber hierherzukommen und jeden Tag Erwachsene bei der Arbeit zu sehen, da sieht man wirklich, wie sie leben, man kann so viel für sich aus diesem unverfälschten Umfeld mitnehmen. Ich habe dabei jede Menge über das Leben von Erwachsenen gelernt und jede Menge daraus mitgenommen.

An Sudbury Valley gibt es für die Mitarbeiter keine Beschäftigungsgarantie. Das Schöne daran ist: Kommt die Schulgemeinschaft zu dem Schluss, ein Mitarbeiter habe nicht genug Wert als Vorbild, entfernt sie ihn aus ihrer Mitte. Was jemand - oder ich - für einen Nutzen hält, entspricht nicht unbedingt dem, was ein anderer als Nutzen ansieht. Für ihn ist besagter Mitarbeiter vielleicht ein Vorbild hinsichtlich einiger Charaktereigenschaften oder Gesprächsfähigkeiten, die ich dagegen nicht erkennen kann. Aber ich kann auch dann gegen diesen Mitarbeiter stimmen, wenn fünfzig andere für ihn stimmen. Auf diese Weise können wir die Vorbilder an der Schule ständig überdenken und erneuern. Und natürlich ändern sich auch die Vorbilder aus der Schülerschaft ständig, denn Schüler kommen und gehen.

Lange habe ich mich gefragt, was das wohl den Erwachsenen an der Schule bringen mag. Wie kommt es, dass ich auch nach dreißig Jahren noch nicht ausgebrannt bin? Warum? Weil die Älteren ihre eigene Kindlichkeit, ihre starke Begierde nach Wissen und Leben auffrischen. wenn sie den kleineren Kindern zusehen. Das geht auch den Jugendlichen so, nicht nur den Erwachsenen. Die Jugendlichen haben ständig mit den Kleineren zu tun, und das hält das Kind in ihnen am Leben. Vor allem während der Pubertät ist das wichtig, denn das ist die schlimmste Zeit, die man durchlebt. Es wird erwartet, dass man kein Kind mehr ist. „Als ich ein Kind war, sprach ich wie ein Kind, aber jetzt soll ich all diese kindischen Dinge sein lassen. Was bedeutet das? Muss ich wirklich erwachsen werden, so sein wie meine Eltern und all die anderen Erwachsenen?" Es ist eine furchtbare Zeit im Leben, und hier an Sudbury Valley ist man umgeben von Kindern und hat unmittelbar mit ihnen zu tun, die dynamisch, voller Leben und voller Übermut sind. Das hält das Kind in einem lebendig - die Fähigkeit, kreativ und phantasievoll zu sein, nicht durch Konventionen und all diese Dinge behindert zu werden, über die man sich täglich Sorgen macht.

Vorbilder können positiv oder negativ sein. Negative Vorbilder sind genau so wichtig wie positive. Das wurde uns vor Jahren klar, als unser Sohn etwa 13 war. Eines Tages sagte er aus heiterem Himmel: „Diese zwei Jahre, die ich als Sieben- oder Achtjähriges Kind im Raucherzimmer verbracht habe, damals 1968 und 69, waren für mich die besten Jahre überhaupt." Als wir 1968/69 unseren Siebenjährigen mit all diesen Beatniks im Raucherzimmer rumhängen sahen, wunderten wir uns. Unser Sohn sagte etwas sehr einfaches: „Diese Zeit war wundervoll. Sie lehrte mich, welchen Dingen ich nacheifern will, denn diese Leute waren großartige Musiker. Sie hatten viel Phantasie. Es machte Spaß mit ihnen. Sie waren interessant. Und durch sie lernte ich, was ich nicht tun will. Ich sah, wie z.B. Drogen sie kaputtmachten, Drogen haben mich danach nie interessiert." Andere Kinder hätten daraus vielleicht andere Schlüsse gezogen, aber mir geht es darum zu zeigen, wie wichtig es für die Entwicklung der Kinder ist, negative Vorbilder zu sehen. Kinder können einen Erwachsenen beobachten und sagen: „Ich möchte nicht so wie der sein. Ich möchte nicht so leicht reizbar sein. Ich möchte nicht engstirnig sein. Ich möchte nicht diesen oder jenen Charakterzug haben, oder mich so oder so verhalten." Die Möglichkeit, so zu denken, haben

Kinder nur, wenn sie Altersmischung mit einer breiten Altersspanne vorfinden.

Ich möchte kurz auf ein Paradox eingehen, auf das Ihr vielleicht gestoßen seid. Also, wenn jedes Kind seine eigene einzigartige Bestimmung erkennt und etwas ganz eigenes entwickelt, wie passen dann die Vorbilder dazu, bei denen es doch darum zu gehen scheint, jemand anderen nachzumachen? Oft hören wir von Eltern: „Ich mache mir Sorgen um meine Tochter. Sie scheint alles, was So-und-so tut, nachzuäffen. Ist das gut? Was soll ich da unternehmen? Mir gefällt es nicht, dass sie So-und-so überallhin folgt und alles tut, was er sagt." Das Paradox löst sich auf, wenn man sich überlegt: Ein Kind, das sich wirklich eigenständig und unterstützt fühlt und das das Gefühl hat, sein eigenes Schicksal steuern zu können - ein solches Kind *läuft* nicht sklavisch einem Vorbild *nach*. Sondern es *studiert* dieses Vorbild. Je mehr Vorbilder es zur Auswahl hat, desto mehr Möglichkeiten für sein weiteres Leben eröffnen sich ihm. Solange man darauf vertraut, dass das Kind seine eigene innere Stimme entwickelt, muss man sich keine Sorgen darüber machen, wie sehr es auf einer Stufe seiner Entwicklung jemanden nachahmt.

Zum Schluss möchte ich etwas ansprechen, das ich bisher beiseitegeschoben hatte. Als ich das große, dicke Buch gezeigt habe, ging ich der Frage nach: „Wie erfahren Kinder von der Welt? Wie erfahren sie von den in diesem Buch erwähnten Dingen - oder zumindest von einigen?" Auch hier hat Altersmischung eine Schlüsselrolle. Wir wissen alle, wie sehr Film und Fernsehen die Menschen mit Informationen überfluten. Altersmischung aber ist eine viel wichtigere Informationsquelle. In all den Tagen, Wochen und Monaten, die Kinder in einer Gemeinschaft mit so breiter Altersspanne verbringen, sich mit teils wenig, teils sehr viel älteren oder jüngeren austauschen, reden sie so ziemlich über alles. Sie hören von allem. Daher ist es sehr wahrscheinlich, dass sie auf etwas stoßen, das sie wirklich fasziniert.

Warum die Sudbury Valley School nicht für jeden geeignet ist

Echte Lernbehinderungen

Während unserer Gründungsphase dachten wir, man würde in Scharen unsere Schule stürmen. Wir dachten, man würde über uns herfallen, und wir würden die Leute schon an der Tür wieder wegschicken müssen. Wir erwarteten, von Tausenden überrannt zu werden. Wer würde denn nicht gern glückliche Kinder haben? Wichtiger noch, welche Kinder würden nicht alles in ihrer Macht stehende tun, um ihre Freiheit zu erlangen. Wir rechneten damit, dass selbst wenn die Eltern dagegen wären, die Kinder die Wände einreißen und ihren Eltern das Leben unerträglich machen würden. „Schickt uns nach Sudbury Valley, oder wir treten in einen Hungerstreik." Wir wurden sehr schnell eines besseren belehrt, durchliefen statt dessen einen langen Kampf ums Überleben, ums Wachsen und darum, Akzeptanz zu finden.

Erst im dritten Jahrzehnt unseres Bestehens begann man, unser Schulkonzept auch an anderen Orten aufzugreifen. In den ersten zwanzig Jahren fragte man uns immer: „Wenn das eine so großartige Idee ist, warum gibt es das dann nicht schon überall? Warum gibt es keine anderen Schulen dieser Art?" Ich hatte da zwar eine Antwort, sie überzeugt mich aber nicht, denn ich wusste nicht wirklich, warum. Gut zwei Jahrzehnte dauerte es, bis wir in der Bildungswelt anerkannt und als eine legitime Bildungseinrichtung akzeptiert wurden. Wir hatten Mühe zu verstehen, warum es so schwer war.

Wir waren nicht naiv. Wir verstanden, dass sich ein Kulturwandel nicht von heute auf morgen vollzieht. Es gab in der Menschheitsgeschichte bislang nur eine Handvoll großer Kulturwandel. Von den Jägern und Sammlern bis zur städtischen Gesellschaft dauerte es Jahrtausende, der Übergang von der vorindustriellen zur Industriegesellschaft über hundert Jahre. Solche Dinge brauchen Zeit. Wir hatten durchaus Ahnung von Geschichte, aber wir dachten, die meisten Veränderungen hätten deshalb so lange gebraucht, weil sie der Natur des Menschen zuwiderliefen. In der Gesellschaft der Jäger und Sammler war der Einzelne relativ frei, und es bestand ein bestimmtes Verhältnis zwischen dem Menschen und der Umwelt sowie zu sich selbst. Das hielten wir für die natürliche Lebensweise des Menschen. Sich von ihr - entgegen der Evolution - zu lösen und zur städtischen Gesellschaft, oder später von der städtischen vorindustriellen Gesellschaft zur industriellen Gesellschaft zu wechseln, war hart. Darum gab es Widerstand. Man musste erst einmal herausfinden, ob dieser Tausch sich lohnen würde, ob der Nutzen dic Kosten wert war. In jedem dieser Fälle vollzog die Gesellschaft diese großen Veränderungen erst, als sie nach mühevollem Ringen zu der Einsicht kam, dass der Nutzen die Kosten überwiegt. Städte zu bilden etwa brachte den Nutzen einer gewissen Stabilität - politische Stabilität, Vorsorge, Schutz, zuverlässigere Lebensmittelversorgung, ein geordneteres Gemeinwesen. Man gab die Freiheit auf, um bestimmte Dinge zu bekommen, durch die Menschen insgesamt zufriedener leben konnten. Auch heute scheitern daran alle Bemühungen, die Jäger-und-Sammler-Gesellschaften zu retten. Die Indianer im Regenwald des Amazonas widerstehen diesem Tauschgeschäft nur so lange, bis sie sehen, welche Vorteile ihnen das Leben in einer städtischen Gesellschaft gegenüber ihrem Leben bringt. Ganz ähnlich wissen wir alle, dass der mühsame Übergang von einer vorindustriellen zu einer industriellen Gesellschaft geradezu ein Pakt mit dem Teufel war. Man verlor noch mehr Freiheit, gewann dafür aber materielle Vorteile, von denen man zuvor nicht einmal zu träumen gewagt hätte und an denen ein viel größerer Teil der Gesellschaft teilhaben konnte als jemals zuvor.

Wir dachten: „Das ist der Grund, warum diese Veränderungen so lange dauerten. Das ist der Grund für den Widerstand." Aber jetzt geht es ja um den Übergang vom industriellen zum postindustriellen Zeitalter. Dieser Übergang *entspricht* wieder der Evolution, er steht *in Einklang* mit der menschlichen Natur. Wir dachten: „Wenn wir eine passende Bildungsumgebung für das postindustrielle Zeitalter schaffen, werden die Leute erleichtert aufatmen, weil sie sich endlich natürlich verhalten können." Ich erinnere mich, wie ich in den ersten zehn oder fünfzehn Jahren eine Redewendung immer und immer wieder benutzte, da sie mir so zutreffend erschien: „Jetzt kann man endlich auf zwei Hochzeiten tanzen." Ich dachte, wer würde das nicht gern? In der postindustriellen Gesellschaft können die Menschen all die Vorteile genießen, die sie die ganze Zeit hatten, bekommen sogar noch weitere dazu, erhalten aber obendrein noch die Freiheit zurück, die sie im Laufe der Geschichte hatten aufgeben müssen, als sie sich von ihrem ursprünglichen relativ freien Naturzustand verabschiedeten. Wir dachten, die Leute würden begeistert sein. Und der Wechsel würde ziemlich schnell erfolgen.

Erst vor recht kurzem erkannten wir, dass unser Problem wirklich Teil eines viel umfassenderen globalen ökologischen Problems war - nämlich, der Schwierigkeit, ein einmal zerstörtes natürliches Gleichgewicht wieder herzustellen.

Auf dem Gebiet der Umweltforschung hat man das inzwischen ziemlich gut verstanden. Gerodete Wälder, vergiftete Flüsse, leergefischte und verdreckte Ozeane und chemieverseuchte Böden erholen sich erst in Jahrzehnten, wenn nicht Jahrhunderten. Es reicht nicht, einfach mit der Schädigung der Umwelt aufzuhören und sie wieder in ihren natürlichen Zustand zurückkehren zu lassen. In Naturschutzkreisen wird viel darüber diskutiert, wie man die natürliche Balance wiederherstellen kann. Eine vielbeachtete Methode ist, erst mal kleine Gegenden wiederherzustellen. Naturschutzverbände kaufen einige Hundert Hektar hier, einige Tausend da, und versuchen, einen Flickenteppich kleiner Gebiete zu schaffen, die zur Sanierung geeignet erscheinen. Sie suchen Gebiete, die relativ nah an ihrem natürlichen Zustand sind; allerdings findet man diese nur schwer. Man kann nicht einfach irgendwohin mit dem Finger auf die Karte tippen, dort eine halbe Million Hektar kaufen und daraus einen schönen, großen, sauberen, urwüchsigen wunderbaren Naturpark machen. Wenn dieses Gelände stark geschädigt oder verseucht ist, geht das nicht. Man muss mit kleineren Gebieten anfangen, die bereits einigermaßen in Einklang mit der Natur sind. Und hoffen, dass die Menschen allmählich wahrnehmen, wie die Natur aussieht, wenn sie ihre ursprüngliche Schönheit wiedererlangt hat, hoffen dass sie dann sagen: „Ja, das wollen wir unbedingt haben. Davon muss es mehr geben. Unsere Lebensweise muss anders werden, damit auch wir in so einer schönen natürlichen Umwelt leben können."

Uns ist klargeworden, *dass wir Sudbury Valley ganz ähnlich sehen müssen*. Urbanisierung und Industrialisierung haben Schäden angerichtet, die dazu führen, dass nicht jeder in der Lage ist, von Sudbury Valley zu profitieren. Wir fingen an, zu verstehen, warum wir nur mit sehr wenigen Menschen beginnen konnten - daran führt kein Weg vorbei. Wir mussten mit jenen anfangen, die aus irgendeinem Grund relativ nahe an ihrem natürlichen Wesen sind. Langsam kam eine Gruppe hier, eine Gruppe dort hinzu, und wir hofften, dass die Menschen schließlich erkennen würden, dass sie diese kleinen Wiederherstellungsprojekte, die überall im Land und in der Welt stattfinden, für sich übernehmen und nachahmen wollen.

Dieser Vergleich bietet eine Sichtweise auf das, was da geschieht, und er ist die Grundlage für zwei Fragen, auf die ich eingehen möchte. Die erste lautet: „Warum entsprechen noch immer so wenige Menschen ihrem natürlichen Wesen? Wie wirkt der angerichtete Schaden - kulturell, seelisch und geistig -, der die Leute so sehr ihrer Natur entfremdet hat?" Auf die zweite Frage werde ich später eingehen: „Wer sind diese wenigen Menschen, die von dieser Umgebung profitieren?"

Beginnen wir mit der Frage: „Wie wirkt die Schädigung?" Oder anders formuliert: „Was sind *wirkliche* Lernbehinderungen? Was steht den Leuten *wirklich* im Weg, ihrem natürlichen evolutionären Wesen zu entsprechen? Es dürfte keine Überraschung sein, dass die Antwort in den Erkenntnissen der ersten fünf Vorträge liegt.

Zuerst hatten wir über das Spielen gesprochen, über seine entscheidende, grundlegende Bedeutung für die natürliche Entwicklung aller für ein kreatives Leben notwendigen Fähigkeiten. Dennoch sehen wir immer und immer wieder Schüler an unsere Schule kommen, die vergessen haben, wie man spielt. Es ist wirklich erschütternd. Beispielsweise erwartet man bei kleinen Kindern doch wirklich die Fähigkeit, frei herumzutoben, zu tun, was sie wollen, und fröhlich zu sein. Und doch sehen wir gelegentlich solche Kleinen, die keine Ahnung haben, wie man spielt! Lernen wir sie dann näher kennen, sehen wir, dass sie zuhause oder anderswo Spielen als etwas *gelenktes* erfahren haben - das genaue *Gegenteil* dessen, was Spielen eigentlich bedeutet. Unter Spielen verstehen sie das, was nach Gewinn strebende und pädagogische Gruppen daraus gemacht haben: eine klar pädagogisch ausgerichtete Veranstaltung. Das Alphabet, die Formen und die Farben müssen sie durch Spiele lernen. Als ich zum ersten Mal darauf stieß, war mir das völlig unbegreiflich; und als ich den Schaden sah, den es bei den Kindern anrichtet, wurde es mir noch unverständlicher. Warum muss man Kindern Formen beibringen? Was soll das? Welches in einer auch nur ansatzweise normalen Umgebung aufwachsende Kind findet nicht irgendwann heraus, dass ein Quadrat etwas anderes als ein Dreieck ist, und worin der Unterschied besteht? Und wenn es nicht farbenblind ist, wird doch wohl jedes Kind früher oder später lernen, dass manches „rot" und anderes „blau" genannt wird. Muss man sich denn wirklich Spiele ausdenken, die das zum Ziel haben? Kommen Kinder zu uns an die Schule, die mit so etwas aufgewachsen sind, stehen sie wie der Ochs' am Berge, denn wir machen so etwas nicht. Sie haben einfach vergessen, wie man spielt - frei spielt.

Bei den älteren Kindern ist es noch trauriger. Es kommt darauf an, sich die Fähigkeit zu spielen sein ganzen Leben hindurch zu bewahren. Älteren Kindern jedoch wurde beigebracht, „solche kindischen Sachen sein zu lassen." Allein der Gedanke daran ist ihnen peinlich. Viele Teenager schauen dann auf die spielenden Kleinen und sagen dir: „Mann, ich wünschte, ich wäre mit sieben hierhergekommen." Und man weiß genau, was sie meinen. Einige von ihnen fangen an, mit den kleinen Kindern zu spielen, das finden sie in Ordnung, denn sie „sind ja bloß nett zu den Kleineren", das rechtfertigt es. In Wirklichkeit aber versuchen sie selbst, wieder zu lernen, wie man spielt.

Es verlernt zu haben, ist eine furchtbare Behinderung. Wer vergessen hat, wie man spielt, kann nicht mal ansatzweise nachvollziehen, wie so etwas wie Sudbury Valley eine Schule sein kann, oder auch nur irgend etwas mit Bildung zu tun haben kann. Er kann sie unmöglich ernstnehmen. Und als erstes bekommt man dann zu hören: „Ist das überhaupt eine Schule? Die spielen doch alle bloß den ganzen Tag!" Er versteht es nicht, weil er vergessen hat, wie man spielt, und weil er nie die Chance hatte zu erkennen, welch großen Nutzen man vom Spielen hat.

Kommen wir zum Thema Gespräche. Manche Kinder sind fast stumm, wenn sie neu an die Schule kommen. Sie reden einfach nicht. Nicht, weil sie schüchtern wären. Sie tun nur, was man ihnen ihr Leben lang gesagt hat: Kinder soll man sehen, aber nicht hören. „Sei still!" hat man ihnen wahrscheinlich häufiger als jedes andere Wortpaar gesagt. Und im Unterricht? Da soll man *nie* mit anderen Schülern sprechen. Man bekommt Minuspunkte, wenn man mit dem Banknachbarn quatscht. Genausowenig kann man aufstehen und mit jemandem von der anderen Seite des Klassenzimmers reden. Und mit dem Lehrer kann man schon gar nicht nach Belieben sprechen, sondern nur wenn man aufgefordert wurde, eine konkrete Frage zu beantworten. Sonst stört das ja den Unterricht. So lernen viele Kinder nicht, wie man sich unterhält, wie man sich die Welt eines anderen erschließt, sie erforscht, versteht und zuhört, und wie man andere an der eigenen Welt teilhaben lässt. In dieser Lage neigen Kinder dazu, sich in sich selbst zu verkriechen. Dann müssen sie ganz allein das Rad neu erfinden, alles allein entdecken, als wären sie von der Kultur abgeschnitten.

Wir haben gesehen, welch gewaltiger Schlüssel das Reden für das Lernen ist, ein „Sesam, öffne dich!" zum Wissen der Welt. Wem die Fähigkeit fehlt, sich zu unterhalten und seine Gedanken zu artikulieren, der ist in einem Umfeld wie an Sudbury Valley erheblich im Nachteil. Er kann eines unserer wichtigsten Hilfsmittel nicht nutzen. Ich meine nicht Kinder, die von Natur aus zurückhaltend sind, auch nicht Kinder, die wissen, dass Sprechen wie Zuhören ein jedes seine Zeit hat, die manchmal lieber still das Geschehen beobachten. Sondern ich meine Kinder, die wirklich nicht gelernt haben, wie man sich unterhält. Für sie ist die dynamische Atmosphäre unserer Schule manchmal geradezu beängstigend. Denn sobald man die Schule betritt, trifft man auf ein Durcheinander lebendiger, lebhafter Gespräche. Einem Kind, das sich nicht unterhalten kann, bringt das überhaupt nichts.

Wir sprachen ausführlich über die Rolle der Eltern. Auch auf diesem großen Gebiet ist viel Schaden möglich. Kinder, denen es vor allem darum geht, ihre Eltern zufriedenzustellen, wissen nicht, wie sie sich selbst zufrieden stellen und wie sie sich ihre innere Stimme erschließen können. Sie achten ja nur darauf, was ihre Eltern wirklich wollen, womit sie sich in der Schule beschäftigen sollen, und versuchen, das dann zu tun. Dadurch verfehlen sie den Sinn der Schule völlig. Die Eltern zeigen dem Kind ihre Erwartungen auf so viele verschiedene Arten, zum Teil ganz unterschwellig und scheinbar harmlos. Da sind Eltern, die ihr kleineres Kind zum Schwarzen Brett führen und sagen: „Mal sehen, was hier heute steht" - daran scheint nichts falsch zu sein. „Mein Kind kann noch nicht lesen, da helfe ich ihm zu erfahren, was es hier so gibt." Aber tatsächlich ist daran so einiges falsch. Man zeigt dem Kind, dass man ihm eigentlich nicht zutraut, selbst herauszufinden, „was es hier so gibt." In Wirklichkeit wissen auch die Jüngsten, „was es hier so gibt" - wenn es sie interessiert. Sie kennen sogar das halbe Regelbuch auswendig. Lesen können sie nicht, aber sie können einem erklären, dass man nicht herumrennen darf, anderer Leute Eigentum in Ruhe zu lassen hat, dieses und jenes nicht erlaubt ist. Sie wissen auch, welche Strafen sie erhalten haben. Sie riechen, wonach es heute aus der Küche duftet, sie sehen, wenn die anderen Kinder mit dem Skateboard losziehen. Sie sind nicht taub, dumm und blind. Aber die Mischung aus der Angst der Eltern und dem Wunsch des Kindes, sie zufriedenzustellen, taucht diesen kleinen Austausch am Schwarzen Brett in ein anderes Licht, das Kind spürt: „Dasunddas hat sie vorgelesen; ich würde meine Mutter also richtig glücklich machen, wenn ich da hingehe."

Bei älteren Schülern erleben wir das ständig mit dem Thema Unterricht. Ich rede nicht von Eltern, die wie der Elefant im Porzellanladen loslegen: „Ich will, dass du zum Unterricht gehst." So ein Auftritt kommt gar nicht in Frage. Ich meine Eltern, die sacht nachfragen: „Hast du denn was Interessantes in der Schule gefunden?" Oder, üblicher: „Du interessierst dich doch für dasunddas. Hast du jemanden an der Schule gefunden, der sich auch dafür interessiert?" Sie denken sich dabei unschuldig: „Ich dränge sie nicht. Ich frage ja nur." Auch meine Mutter sagte immer: „Ich frage ja nur." Aber ich wusste, sie fragte nicht, sondern sagte damit genau, was sie erwartete. Ähnlich ist das Problem bei Kindern, die ihre Eltern zufriedenstellen wollen, wenn diese über die Schule im Streit liegen. Es ist absolut legitim, wenn jemand sagt: „Ich halte Sudbury Valley nicht für das richtige Umfeld." Jeder Vater, jede Mutter hat das Recht zu sagen, ob etwas für das Kind gut oder nicht gut ist. Sagt aber ein Elternteil: „Ich stehe hinter der Schule, ich halte sie für wunderbar", und der andere Elternteil: „Ich habe wirklich meine Zweifel, was diesen Ort angeht. Ich füge mich zwar, aber hoffentlich sehe ich auch Fortschritte" – dieser Konflikt der gegensätzlichen Meinungen seiner Eltern wird das Kind zerreißen. Wie soll es die Eltern jetzt zufriedenstellen, wen von beiden denn? Das Problem besteht oft in Familien, in denen nur eines der Kinder auf unsere Schule geht. Dann hören wir oft: „Sie ist die Einzige, die Probleme hat. Die anderen kommen gut zurecht." Dem Kind kann das nur die eine Botschaft übermitteln: „Wäre ich in Ordnung, wie meine Brüder und Schwestern, wäre ich nicht an Sudbury Valley. Hier findet doch kein wirkliches Lernen statt. Ich werde hier nur abgeladen, weil ich für eine richtige Schule nicht gut genug bin." Viele dieser Kinder quält das bohrende Gefühl, sie hätten ihre Eltern im Stich gelassen. Es ist furchtbar, so etwas ein Leben lang mitzuschleppen.

Der nächste Punkt ist das Empowerment durch unsere Demokratie. Fast alle Kinder an Sudbury Valley, auch die Jüngsten, haben außerhalb der Schule andere Erfahrungen gemacht, bei denen sie unter einem Mangel an Respekt litten. Kinder werden in der heutigen Gesellschaft wie Dreck behandelt. Ob im Einkaufszentrum, auf der

Straße, auf Festen oder in der Schule – überall. Kinder gelten tatsächlich nicht als eigenständige Bürger. Sie haben keine Rechte, ja, viele Formen, sie zu missbrauchen und zu misshandeln, sind nicht einmal strafbar. Je origineller und kreativer, je unkonventioneller, je lebendiger ein Kind ist, desto wahrscheinlicher ist es respektloser Behandlung ausgesetzt, hat es doch nicht einmal den „Anstand", sich den Regeln zu fügen, die zu befolgen die Erwachsenen ihm abverlangen.

Das war mir völlig unverständlich, als wir die Schule 1968 eröffneten. Ich erinnere mich an viele Gespräche darüber. Ich konnte nicht nachvollziehen, warum Kinder, die an unserer Schule in vollem Respekt und in Gleichheit leben und ermutigt werden, die Dinge selbst in die Hand zu nehmen – warum solche Schüler sich noch immer machtlos *fühlen*. Ich konnte es nicht begreifen. Wenn sie versuchten, es mir zu erklären, sagte ich: „Aber das ist die Vergangenheit, hier ist es nicht so. Ich habe keine Macht über dich, ich habe dir nicht zu sagen, was du tun sollst. Selbst wenn ich es wollte, selbst wenn ich über dir stünde und verlangen würde ‚Tu das', könntest du mich angucken und antworten: ‚Ich will das aber nicht tun', denn ich bin nicht befugt dazu. Du bist hier in einer Umgebung, in der du vollkommen respektiert wirst und die Dinge selbst in die Hand nehmen kannst." Dieses tiefe Gefühl der Machtlosigkeit, mit dem sie ankamen, wurden sie nicht los. Jahr für Jahr führt das zu einer Art von „Wir-gegen-sie"-Haltung, besonders bei älteren Jugendlichen, die nicht anders können als zu glauben: „Das ist ein Schwindel. An dieser Schule muss etwas faul sein. Es muss hier einen Hintergedanken geben. Ich weiß nicht, was es ist. Mein Instinkt sagt mir, irgendwie haben hier doch die Erwachsenen die Macht. Irgendwie."

Es ist interessant und traurig zugleich, die Auswirkungen dieses Gefühls von Machtlosigkeit zu sehen. Man kommt etwa in eine Schulversammlung, die gerade eine Sache behandelt, die vielen Jugendlichen wirklich wichtig ist. Der Raum ist voll mit Jugendlichen. Man denkt, sie sind offensichtlich gekommen, um abzustimmen; und sie würden sich an dem demokratischen Verfahren beteiligen, das diese Schule geschaffen hat und pflegt. Doch selbst, wenn sie mitdiskutieren und ihre Macht nutzen, ist *Inhalt und Stimmung ihrer Beiträge*: „Wir sind machtlos, und wir sind wütend, dass jemand versucht, uns etwas aufzudrücken." Es steckt so in ihnen drin. Ein großes Hindernis. Wer mit dem Gefühl der Machtlosigkeit aufwächst, wird nicht hinaus in die Welt gehen und als Erwachsener dort Einfluss nehmen.

Das bringt uns zu der Frage, ob wir vor allem durch unsere Natur oder durch die Erziehung geprägt werden, dem Gegenstand des vorigen Vortrags. Wir sprachen darüber, welchen Schaden Kindern das Aufwachsen in einer Umgebung zufügt, in der Erwachsene der Natur nicht ihren Lauf ließen, keine Geduld hatten und den einzigartigen Weg jedes einzelnen Kindes nicht als wertvolles Lebensziel schätzten.

Das mag jetzt alles hochtrabend klingen, aber immer wieder sagen mir Eltern: „Meine Kinder sind nicht so herausragend. Sie sind kein Einstein oder Mozart. Für solche Genies mag so eine Schulform gut sein, aber nicht für mein Kind." Das zeigt die Grundüberzeugung der Eltern: „Mein Kind ist nicht einzigartig. Es ist Mittelmaß." Solche Eltern sehen die Zukunft ihres Kindes vor allem als ein Leben voller Schinderei, durch das man sich irgendwie durchschlägt.

Dieser Schaden ist wohl der häufigste, den wir an unserer Schule sehen. Kinder, die nicht glauben, mit ihrem Leben etwas wirklich besonderes anfangen zu können, egal was – in irgend etwas hervorragend sein, das sie lieben, mit dem sie auf irgendeine Weise dazu beitragen, die Gesellschaft zu verbessern, die Kultur zu bereichern und sich selbst zu erfreuen. In vielerlei Hinsicht ist das wahrscheinlich die schwerste der Lernbehinderungen. Denn was passiert? Da man für das Mittelmaß bestimmt ist, setzen Gesellschaft, Eltern und jeder andere dich unter Druck, ein *erfolgreicher* Mittelmaß-Mensch zu sein. Das ist wirklich wichtig. Man kann ja zumindest ein zufriedenes Arbeitstier sein. Zeitdruck, Karrieredruck, Erwartungen, jede Menge ewigen Drucks. „Mach weiter damit. Verschwende deine Zeit nicht. Konzentriere dich auf etwas. Geh zur Schule. Tu dies, tu das." Druck, Druck, Druck.

Was dabei herauskommt, sind vor allem Angst und Depression. Und man kann sich überhaupt nicht mehr vorstellen, dass man lernen und tun sollte, was man wirklich lernen und tun will, und seinem eigenen Stern zu folgen. Für das traurigste Beispiel dieser Lernbehinderung halte ich den Einser-Schüler, der in allen Fächern überragende Leistungen erbringt. Ich selbst war ein solcher Einser-Schüler und bemühe mich schon mein Leben lang. mich davon zu erholen. Wenn ich an all die Energie denke, die ich darauf verwendet habe, dem zu entsprechen, was andere für meinen Lebensweg als wichtig definierten - das ist einfach Irrsinn. Worin, zum Teufel, bekam ich denn Einsen? Wofür bekam ich 100 Punkte in Prüfungen? Für lauter sinnloses Zeug, das nichts mit der Wirklichkeit, mit meinem Leben, zu tun hatte. Aber hier war ich, ackerte wie besessen und wurde Klassenbester in Latein. Klassenbester in Latein! Wisst ihr, wie nützlich das für mich war?[1]

---

1 Natürlich kann Latein mitunter auch nützlich sein. Isaac Newton schrieb mit 21 Jahren sein erstes wirkliches Werk. Es ging um eine neue Theorie der Optik. Es war ein sagenhaftes Buch, Physiker lesen es heute noch mit Freude, und nach wie vor spricht man über viele Ideen, die er in das Buch packte. Die aber widersprachen den Theorien, die damals anerkannt waren und den Veteranen der Physikinstitutionen in England für unantastbar galten. Er bezog Prügel für seinen Erfolg und dafür, aus der Reihe zu tanzen, und beschloss, nie wieder ein Buch zu schreiben. „Ich bin glücklich, kümmere mich um meins, und ich weiß, was mir gefällt." Um sein Einkommen brauchte er sich nicht zu sorgen, er hatte eine Professorenstelle in Cambridge, also saß er auf dieser und kümmerte sich um seins. Zwanzig Jahre später ging das Gerücht um, er hätte das Problem der Schwerkraft gelöst. Also kamen einige Physiker zu ihm, zu denen es sich in London herumgesprochen hatte, und fragten: „Wie wir hören, hast du wohl das Problem der Schwerkraft gelöst. Stimmt das?" Darauf er: „Ja, das stimmt." Und sie: „Und, was ist die Lösung?" Er zeigte es ihnen, erklärte es. Sie waren verblüfft, denn sie sahen sofort, dass es stimmte. „Veröffentliche es", drängten sie ihn. Er antwortete: „Ich habe schon mehr als genug veröffentlicht." Sie flehten und flehten weiter, und schließlich veröffentlichte er es in einem Buch, „Principia Mathematica" - in Latein, während er sein Optik-Buch in englischer Alltagssprache verfasst hatte. Latein konnte kaum jemand verstehen, und die leicht zu erfassenden Beweise ersetzte er durch obskure, denen man nur mit Mühe folgen konnte. Also vielleicht hätte ich mein Latein doch verwenden können. Vielleicht hätte ich „Endlich frei!" auf Latein schreiben sollen. Aber das habe ich nicht getan.

Bei Kindern, die nur Einsen nachjagen, ist es wie bei jedem Süchtigen: Erkennt er das Problem nicht an, will er sich ihm nicht stellen, nicht kämpfen, sich von ihm zu befreien, kann kein anderer dies für ihn tun. Es ist sinnlos, ihm Vorträge zu halten; er selbst muss bereit sein, damit aufzuhören. Im Laufe der Jahre gab es bei uns einige ziemlich bemerkenswerte Erlebnisse dazu. Mir fällt da eine junge Frau ein, die mit 16 Jahren als sehr erfolgreiche Schülerin des öffentlichen Schulsystems zu uns kam. Sie hatte sich entschieden, dass es nicht das war, was sie wollte. Ihr war das ganz klar, und sie brach ihre High-School-Laufbahn mittendrin ab. Nur noch anderthalb Jahre hätte sie durchzuhalten brauchen, und sie hätte es hinter sich gehabt. Aber sie war nicht bereit, da noch länger mitzuspielen. Sie wusste, dass sie sich selber retten musste; und sie arbeitete sehr, sehr hart während ihrer zwei Jahre hier. Erreichte sie wieder einen natürlich gewachsenen Zustand? Wahrscheinlich nicht. Doch dank ihres starken Wunsches, sich zu ändern, näherte sie sich ihm mit großen Schritten an.

Verwechseln wir aber nicht gute Noten und die Ermutigung durch positive Rückmeldungen! Positiven Rückmeldungen wie etwa: „Wir hören dir zu. Wir respektieren dich. Was du tust, ist wertvoll, weil du es tun willst." Sie sind ein völlig anderer Ansatz, wir verdrängen nicht das Urteilsvermögen des Kindes durch unseres, sondern vermitteln ihm ständig: Was du tust und was du wertschätzt, ist wertvoll, nicht weil wir es für großartig halten, sondern *weil du es wertschätzt.*

In dem Buch *Kingdom of Childhood*[2], einem von uns veröffentlichten Buch mit den Erinnerungen ehemaliger Schüler, gibt es eine wundervolle Geschichte: Während ihrer Probewoche bei uns ging die Vierjährige in den Kunstraum und zeichnete eine Sonne. Eine grüne Sonne. Da hatte sie wohl früher beim Spielen die Farben nicht recht geübt. Sie zeigte Joan die Zeichnung, und die erklärte nun nicht „das wäre eine Eins wert" oder „das wäre eine Sechs wert", sondern: „Das ist schön! Das ist deine Zeichnung, und wenn du die

2 (Sudbury Valley School Press, Framingham, 1994), S. 175

Sonne so zeichnen willst, ist es völlig in Ordnung." Das wird der Schülerin wohl ihr ganzes Leben lang in Erinnerung bleiben, denn als gewitzte Vierjährige hatte sie Joan gleich am ersten Tag getestet: Ist diese Schule wohl wie die anderen auch? Wird sie mir sagen, die Sonne ist doch gelb, und du kennst wohl die Farben noch nicht? Das ist die Art Rückmeldung, die sie hier bekommen: Wenn du es wertschätzt, dann ist es in Ordnung. Das ist nicht immer leicht. Kommt man an einem durchschnittlichen Tag in den Nähraum, führen da dreißig Leute drei oder vier gleichzeitige sehr angeregte Gespräche. Manches, was die Kinder erzählen, ist verrückt, und hat nichts mit irgend einer für mich wahrnehmbaren Wirklichkeit zu tun. Aber da sind sie und streiten, der eine von seiner und die andere von ihrer Sichtweise überzeugt – und das ist der entscheidende Punkt: Dass sie hier beide sagen: „Gut, wenn du diese Weltanschauung haben willst, höre ich sie mir mal an. Ich werde mich damit befassen und ich werde dir meine vorstellen. Wir brauchen einander dabei ja nicht unbedingt zuzustimmen." Es gibt da diese grundlegende Achtung vor der Verschiedenheit, wie man etwas sehen und angehen kann.

Diese Art von Rückmeldung bekommen die Schüler hier. Wenn sie unsere Schule verlassen, denken sie: „Dort wird wertgeschätzt, was ich tue, allein schon weil ich es tue und ich es will." Das ist unsere Gabe für sie.

Das traurige ist, dass im öffentlichen Schulwesen jene Schüler, die am kreativsten sind, Schüler, die sich wirklich kein Stück für die Schule interessieren, Schüler, die dem Vortrag ihrer Lehrer wirklich keine Aufmerksamkeit schenken und die die Strenge des faden Klassenzimmers nicht ertragen – dass diese Schüler im öffentlichen Schulsystem als in irgendeiner Weise geistig behindert abgestempelt, gar mit Medikamenten behandelt werden, während die eigentlich am stärksten geschädigten Kinder als gesund gelten.

Wenden wir uns unserer zweiten Frage zu: „Wer sind die Unverbogenen?" Anders gefragt, wer sind diejenigen, die sich für unsere Schule eignen, wer wird sich wieder erholen? Wie haben diese Kinder es geschafft, ihre eigene Art zu behalten, wie haben sie sich von ihrer Entschlusskraft etwas bewahrt, wie sind sie in Verbindung mit ihrem natürlichen Wesen geblieben? Das fragen wir uns seit 30 Jahren, aber im Grunde haben wir keine blasse Ahnung. Ständig fragt man uns: Warum ich und nicht mein Bruder? Warum du und nicht ein anderer? Wir wissen, dass es keine Frage der Klasse ist, wir haben Leute aus jeder Einkommensstufe. Und aus jeder Religion. Und mit jedem kulturellen Hintergrund. Es ist lustig, die Mutmaßungen anderer Leute zu hören, wer wohl auf unsere Schule geht. Die Leute vermuten: „Ihr habt bestimmt viele Akademiker, so gründlich, wie das hier durchdacht ist." „Nein", sagen wir, „bei denen sind wir nicht sonderlich erfolgreich." Wir haben einige, ja, aber nicht viele. Sie sagen: „Ihr müsst viele aus der politischen Linken haben, denn das klingt so linksradikal - Mitsprache für die einfachen Leute, und all das." Wir haben einige, ja, aber auch viele gar nicht linke, nämlich Konservative der Marke „Alter Yankee". Wir treffen auf alle möglichen Mutmaßungen, was für Leute hier wohl sind. Die Wahrheit ist: Auch wir haben es nicht geschafft, Verallgemeinerungen aufzustellen. Wir wissen es einfach nicht.

Es scheint immer ein Zusammentreffen vererbter Eigenschaften und des persönlichen Hintergrunds zu sein, bei jedem der Mitglieder unserer außergewöhnlichen Menschenansammlung in Sudbury Valley. Und ich meine das ziemlich wortwörtlich. Als wir 1966 die Gründung angingen, war es das gleiche. Wir hissten unsere Flagge, erklärten: „Wir eröffnen solch ein Schule." Wir schickten bergeweise Post hierhin und dahin, und dann kamen Leute aus ganz verschiedenen Ecken, Leute, die uns völlig unbekannt waren, nicht etwa aus unserem weiteren Freundeskreis. Die Gruppe hatte nicht viel gemeinsam. Wir kannten keinen der Gründer. Die anderen kannten sich untereinander meist auch nicht. Sie kamen einfach. Woher, wie und warum, war schon immer ein Rätsel.

Schließen wir mit der Antwort auf die Frage, warum Sudbury Valley nicht für jeden geeignet ist. Nun, in einer beständigen, sich selbst tragenden, postindustriellen Gesellschaft, in der jeder dazugehört, ist Sudbury Valley für jeden. Es ist keine besondere Schulform für besondere Kinder. Sondern wirklich nur eine, wo Schüler so wie sie von Natur aus sind, erfolgreich sein können. Aber da es in dieser geschichtlichen Übergangzeit so viele tatsächliche Behinderungen gibt, können wohl nur unverbogene Leute den vollen Nutzen aus dieser Schulform ziehen - jene, die nicht so viel Schaden genommen haben, dass sie unfähig geworden wären, entsprechend ihres natürlichen Wesens zu leben. Sicher, auch viele der etwas Geschädigten scheinen, wenn sie die Schäden überstanden haben, noch immer erheblichen Nutzen von unserer Schule zu haben. Das ist mehr als ein kleiner Trost. Sie bekommen gewissermaßen einen flüchtigen Blick auf das Gelobte Land, so wie Moses auf dem Berg Nebo, kurz bevor er starb. Er erblickte das Gelobte Land und starb dann. Sie können einen Blick darauf werfen, worum es in der Schule geht, und dann ziehen sie weiter. Von ehemaligen Schülern hören wir das oft, auch von jenen, die nur sehr kurz hier waren. Wir hoffen, dieser Nutzen wird in größeren Kreisen erkannt und akzeptiert, und dass sich dann die gesamte Gesellschaft darauf umstellt und schließlich die Lernbehinderungen und Schäden allmählich verschwinden.

Weitere Bücher im tologo verlag:

Zeit für Kinder

Theorie und Praxis von Kinderfeindlichkeit, Kinderfreundlichkeit, Kinderschutz

von Ekkehard von Braunmühl

ISBN 3-9810444-2-8

2006, 212 Seiten, € 9,90

Zeit für Kinder ist ein Plädoyer für Kinderfreundlichkeit, für das Recht des Kindes auf Freiheit, Achtung und Würde.

Die Sudbury Valley School:

Eine neue Sicht auf das Lernen

The Sudbury Valley School Press

ISBN 3-9810444-0-1

2005, 217 Seiten, € 14,90

„Ausgangspunkt all unserer Überlegungen war die anscheinend revolutionäre Idee, daß ein Kind eine Person ist, und daß es als Mensch vollen Respekt verdient."

Detaillierte Informationen, Leseproben und Bestellmöglichkeiten finden Sie im Internet unter www.tologo.de.

Weitere Informationen

Weitere Literatur zum Modell der Sudbury Valley School finden Sie bei The Sudbury Valley School Press:

The Sudbury Valley School Press
2 Winch Street, Framingham
MA 01701, USA
Tel.: 001 508 877-3030
www.sudval.org

Zur Sudbury-Bewegung in Deutschland:

Nachdem das Sudbury-Schulmodell unsere europäischen Nachbarländer erreicht hat und dort erfolgreich umgesetzt wird, z.B. in Holland, Dänemark, Belgien und Frankreich, hält es Einzug in Deutschland.

Es haben sich verschiedene regionale Gruppen gebildet, um in Deutschland Sudbury-Schulen zu etablieren. Es gibt bereits Gruppen, die kurz vor der Eröffnung einer solchen Schule stehen.

Unter folgenden Webadressen finden Sie weitere Informationen zu den Gründungsinitiativen in Deutschland.

www.sudbury.de
www.sudbury-berlin.de
www.sudbury-hl.de (Halle-Leipzig)
www.sudbury-muenchen.de
www.sunlidd.de (Dresden)
www.dein-s.net (Hamburg)

Der Autor: Daniel Greenberg

Daniel Greenberg wurde 1934 geboren und wuchs in Philadelphia und New York City auf. Er promovierte an der Columbia-Universität in Theoretischer Physik, lehrte dort Physik und Wissenschaftsgeschichte und veröffentlichte auf diesen Gebieten einige Artikel. Er arbeitete auch im Verlagswesen und hatte ein Unternehmen.

Er hat viel über die Philosophie und den Alltag der einzigartigen Bildungsumgebung geschrieben, die er mitentwickelte: die Sudbury Valley School. Seine zahlreichen Texte helfen zu erklären, wie man die Bedingungen der postindustriellen Welt mit einer Sichtweise auf die menschliche Natur verbindet, die Kinder als vollwertige Personen wahrnimmt, die nach Kompetenz streben und ständig daran arbeiten, ein schlüssiges Weltbild zu entwickeln. Seine Schriften wurden hauptsächlich von der Sudbury Valley School Press veröffentlicht und vertrieben. Sie wurden ins Chinesische, Dänische, Deutsche, Hebräische, Japanische, Niederländische und Spanische übersetzt.

Zu seinen neueren Veröffentlichungen zählen *A New Look at Schools*, eine sozio-kulturelle Analyse der Geschichte der Bildung; *Education in America: A View from Sudbury Valley*, kurze Artikel über verschiedene Bildungsthemen; *A Clearer View: New Insights into the Sudbury School Model* (Ein klarer Blick. Neue Erkenntnisse aus 30 Jahren Sudbury Valley School), eine Auseinandersetzung mit den Ideen der Schule aus der Perspektive von 30 Jahren Schulpraxis; und *Worlds in Creation*, eine Betrachtung der einzigartigen Wege, wie Menschen ihre Vorstellungen von der Welt entwickeln. Er war außerdem Mitverfasser der Studien über die Ergebnisse der Sudbury-Valley-Bildung: *Legacy of Trust* und *Pursuit of Happiness.*

Er und seine Frau Hanna sind zwei der Gründer der Sudbury Valley School und haben drei erwachsene Kinder, die die Sudbury Valley School bis zum Schulabschluss besuchten. Alle drei folgten als Erwachsene ihren Leidenschaften und Träumen.

Der Verlag: tologo verlag

Das Programm des tologo verlages umfaßt drei Grundthemen:

- das Sudbury-Schulmodell
- Freie Entwicklung
- Freie Bildung.

Diese drei Themen werden wir mit Sachbüchern, Romanen, Kinderbüchern, Comics und wissenschaftlichen Fachbüchern füllen.

Wir sind auf der Suche nach Autoren und Zeichnern, die Texte aus diesen Themengebieten in einer sensiblen und verständlichen Art und Weise an unsere Leser weitergeben möchten.

Wir wünschen uns Autoren, die sich mit der Idee ihres Buches intensiv beschäftigt haben und mit uns gemeinsam unser Verlagsprogramm ausbauen.

Haben Sie eine Buchidee oder ein fertiges Manuskript, dann lassen Sie es uns wissen. Jede Idee wird vertraulich behandelt.

tologo verlag
Kurt-Schumacher-Straße 51
04105 Leipzig
www.tologo.de
buchidee@tologo.de